Shi Heng Yi, Miao Xing (Hg.

Lebe wie ein Shaolin

Geist und Kampfkunst

Angkor Verlag

„Der Shaolin-Tempel ist eine Welt aus Chan (Zen) und Kung Fu. Kung Fu ist ein Mittel, den Buddhismus zu praktizieren. Kung Fu wird von Chan bestimmt, Chan wird durch Kung Fu manifestiert. Kung Fu ist eine Ausdrucksweise des Chan, Chan bleibt die spirituelle Essenz von Kung Fu. Kung Fu wird nur mittels Chan perfekt. Der Weg zum Kung Fu ist der Weg zum Chan.“

(Abt Shi Yong Xin)

Lebe wie ein Shaolin. Geist und Kampfkunst./Hg. v. Heng Yi, Shi; Xing, Miao. Deutsch von Taro Yamada und Guido Keller – Frankfurt am Main: Angkor Verlag, 2023.

Lektorat: Susanne König
Coverabbildung: Jamo Images/shutterstock.com

Printed in Germany

Angkor Verlag, Foockenstr. 5, 65933 Frankfurt am Main.
www.angkor-verlag.de

ISBN: 978-3-98804-002-2
E-Book: 978-3-98804-003-9

Inhalt

„Die Shaolin-Kampfkünste beginnen mit den Grundlagen und enden mit den Grundlagen. Am Anfang werdet ihr nur die Grundlagen trainieren, denn sie sind das Fundament, auf dem ihr alles andere aufbaut, und am Ende werdet ihr nur noch die Grundlagen trainieren, denn ihr werdet erkennen, dass alles andere darin enthalten ist. Aber eure Grundlagen werden nicht mehr einfach sein, sie werden ein Können auf höchstem Niveau darstellen."

(Shi De Yang)

Vorwort

In diesem Buch finden Sie authentische Übungen und Lehren aus der Shaolin-Tradition. Sie stammen von Meistern und Schülern des Shaolin-Tempels in China – nicht von Unternehmensberatern oder selbst ernannten „Meistern“, die nie dort gelernt und keine Lehrbefugnis haben.

Im Zentrum stehen 72 traditionelle Übungen zur Abhärtung und zur Konzentration der inneren Energie Chi. Sie wurden von Abt Miao Xing, der von 1923-1927 dem Kloster vorstand, überliefert. Weisheiten des angesehenen modernen Meisters Shi De Yang, Regeln der Shaolin und legendäre Geschichten ergänzen den Text. Ein kurzer Abriss der Klostergeschichte wird im Anhang für alle, die noch mehr wissen wollen, vertieft. Sie finden eine Liste der Äbte und die Erläuterung ihrer Namensgebung, verstehen *Wude*, *Wuseng* und *Wugong,* die fünf Prinzipien des *Qinna* und vieles mehr.

Wenn Sie sich an diesem Buch orientieren, folgen Sie der wahren Tradition der Shaolin-Mönche und lernen, die Spreu vom Weizen zu trennen.

Amituofo,

T. Y. und G. K.

Lehren von Shi De Yang

Shi De Yang (geboren 1968) gehört zur 31. Generation der Shaolin-Kampfmönche und gilt weltweit als einer ihrer bedeutendsten Vertreter. Er ist zudem voll ordinierter Priester und war fast dreißig Jahre lang Schüler des legendären Großmeisters Shi Su Xi.

An erster Stelle stehen die Stellungen: Sie müssen unermüdlich geübt werden, um die Körpermitte zu stärken, um Gleichgewicht und Bewegung zu verstehen, um Verwurzelung und Schnelligkeit zu entwickeln, um Gelenke und Muskeln geschmeidig und widerstandsfähig zu machen.

Dann kommen Tritte, Schläge, Blöcke und viele Arten von defensiven und offensiven Bewegungen hinzu, die zunächst in Sequenzen, den Formen, kombiniert und dann auch frei mit einem Trainingspartner geübt und angewendet werden.

Diese Entwicklung sollte allmählich und nicht überstürzt erfolgen; das Üben von Kämpfen ohne Technik wird zu einer nutzlosen Schlägerei. Technik zu üben, ohne einen starken Körper zu haben, wird zu einem nutzlosen Fuchteln mit den Gliedmaßen. Bereite zuerst den Körper vor, dann die Technik, dann die Anwendung. Und bereite immer den Geist vor.

Um sich zu verbessern, müssen wir neben dem Üben der Techniken auch unseren Körper trainieren, und zwar durch die Techniken selbst, aber auch durch ein rigoroses Programm von Übungen, die unsere Flexibilität, Ausdauer, Stärke und Kraft trainieren. Diesen Aspekt des Shaolin-Trainings zu vernachlässigen, ist wie das Vernachlässigen des Schmiedens der Waffe: Wir lernen vielleicht, sie zu benutzen, aber sie wird stumpf sein und leicht brechen.

Nur durch ernsthaftes Training kann man ein hohes Niveau erreichen, in den Kampfkünsten und in allem anderen: Es gibt keine Abkürzungen, und wenn es sie zu geben scheint, führen sie unweigerlich zu Mittelmäßigkeit oder schlimmer noch, zur Katastrophe.

Noch bevor du mit dem Training der Kampfkünste beginnst, solltest du dir also beibringen, bei allem, was du tust, entschlossen und hart zu arbeiten. Dies wird bereits eine wichtige Lektion für dein ganzes Leben sein, eine, die du bei allem, was du tust, jeden Tag anwenden solltest.

Das traditionelle Shaolin *Wushu* muss häufig, mit Geduld und Ausdauer geübt werden. Es trainiert unseren Körper und unseren Geist, um sich selbst und die Menschen um uns herum vor äußeren Gefahren zu schützen, aber auch vor solchen, die von innen kommen, wie zum Beispiel Krankheiten. Ursprünglich wurde es in erster Linie für die Gesundheit und die totale Kontrolle von Körper und Geist entwickelt, und daraus entwickelte sich dann die Fähigkeit, uns im Kampf zu verteidigen.

Die moderne Gesellschaft füllt unseren Körper und Geist mit vielen nutzlosen und manchmal negativen Dingen, und das traditionelle Shaolin *Wushu* kann helfen, diese zu beseitigen. Menschen können sich für Shaolin *Wushu* als eine Form der körperlichen Ertüchtigung interessieren, die intensiv und abwechslungsreich ist, oder als eine Form der Selbstverteidigung, denn auch heute noch müssen wir uns selbst oder unsere Mitmenschen vor Aggressionen schützen.

Jeder muss wissen, dass der wahre Wert des traditionellen Shaolin nicht in der Kampfkunst liegt, sondern in dem, wovon sie ein Teil ist: Chan. Das traditionelle Shaolin *Wushu* (Kampfkunst) ist nur ein Zweig des Baumes, der Chan ist. Chan ist der erste Schatz der Shaolin, und das traditionelle *Wushu* ist ein wunderschönes Juwel in diesem Schatz, aber allein stellt es nur einen kleinen Teil des Gesamtwertes dar.

Chan ist eine Philosophie, ein Weg, auf dem man seinen Körper und vor allem seinen Geist kennenlernt, denn nur wenn man weiß, was man tut, kann man es meistern, und nur wenn man es meistert, kann man loslassen und in Frieden leben, mit sich selbst, mit den Menschen um uns herum, mit dem Leben. Ein Frieden, der heute vielleicht schwieriger zu finden ist als früher, weil wir so zahlreiche Ablenkungen um uns herum haben, oberflächliche Dinge, die zu viel von unserer Aufmerksamkeit und Energie absorbieren.

Anhaftung bringt Leiden, und heute hängen wir uns an so viele unwichtige Dinge, machen sie in unserem Geist wichtig und unsere Gelassenheit von ihnen abhängig. Wir sind oft wie ein Glas voll Wasser, das aufgewühlt wird: Die Sedimente schwimmen überall herum, und so wird das Wasser trüb. Wir müssen einen Weg finden, innerlich still zu sein, das Wasser, das unser Geist ist, ruhig werden zu lassen; nur dann werden alle Sedimente langsam auf den Grund sinken und das Wasser sauber hinterlassen.

Dieser Friede und diese Harmonie in uns selbst ermöglichen es uns, ein gelassenes Leben zu führen, trotz der unvermeidlichen Probleme, der „Höhen“ und „Tiefen“, mit denen uns das Leben jeden Tag konfrontiert, denn diese Probleme werden einfach als natürlicher Teil des Lebens selbst verstanden, dem man mit ruhiger Entschlossenheit und nicht mit sprunghafter Angst begegnen muss.

Harmonie in uns selbst kommt von nichts anderem als der Harmonie unseres Geistes und unseres Körpers. Wenn unser Geist nicht in Bestform ist, wenn er oft müde oder gestört ist oder leicht von Stimmungen, Depressionen oder Ängsten beeinflusst wird, sind wir nicht in Harmonie. Wenn unser Körper nicht in Bestform ist, wenn er oft müde oder schwach oder nicht in der Lage ist, Aktivitäten auszuführen oder uns vor Gefahren zu schützen, sind wir nicht in Harmonie.

Shaolin Chan lehrt uns auf seiner grundlegendsten Ebene, dass Chan zu praktizieren bedeutet, auf diese Harmonie von Geist und Körper hinzuarbeiten. Traditionelles *Wushu*, Atmung, Meditation, Philosophie: All dies ist der Weg des Shaolin Chan.

Die Kampfkünste der Shaolin stärken unseren Körper, befähigen ihn, uns zu schützen und alles zu leisten, was wir von ihm verlangen, aber sie können nicht isoliert betrachtet werden: Sie sind bewegte Meditation, sie sind Atmung, sie sind geistige Übung, sie sind eine Stimulierung des Chi, sie sind ein integraler Bestandteil des Chan.

Shaolin *Wushu* ist ein integraler Bestandteil des Chan und wird für uns alle in unserem gegenwärtigen Leben von besonderem Wert, wenn wir versuchen, dem ganzen Weg zu folgen, nicht nur einem kleinen Teil davon. Ein wenig ist besser als nichts, aber versuche immer, nach mehr zu suchen, nach einem tieferen Verständnis dessen, was du tust, und letztlich dessen, wer du bist.

Wir sollten Chan in allem suchen, was wir tun, in jedem Tag, jeder Handlung, jedem Atemzug, denn Chan ist Atmen und Denken und Leben, und nichts ist einfacher und doch komplexer.

Wir sollten danach streben, die bestmögliche Person zu sein, die wir sein können, für uns und für alle anderen.

Trainiere hart und du wirst besser sein, als du jemals gedacht hast, in der Kampfkunst und in allem anderen im Leben. Besser für dich selbst und für andere.

Sei gerecht zu dir selbst und zu allen, die du triffst, entwickle keine Anhaftung an das Unnötige, beherberge keine Negativität, sondern nur Positivität, bleibe stark und gesund in Geist und Körper, genieße das Leben in aller Gelassenheit, welchen Weg es dir auch immer zeigt.

[Mit freundlicher Genehmigung von Shi Xing Mi (释行米), bürgerlich: Walter Gjergja, www.shaolinshixingmi.com und www.shaolinwusengitalia.it. Er ist enger Schüler von Shi De Yang und hat hier dessen Worte teils direkt und vor allem interpretierend wiedergegeben.]

Shaolin Kung Fu

Shaolin Kung Fu bezieht sich auf das traditionelle kulturelle System, das sich im Laufe der langen Geschichte in der besonderen buddhistischen Umgebung des Shaolin-Tempels auf dem Songshan-Berg gebildet hat. Die von den Mönchen im Shaolin-Tempel ausgeübten Kampfkünste sind die wichtigste Ausdrucksform des Chan (Zen).

Shaolin Kung Fu umfasst ein komplettes technisches und theoretisches System mit Kampfkünsten und -techniken. Es gibt 72 einzigartige Gruppen von Fertigkeiten und spezielle Kung Fu-Techniken wie Chi Gong, Greifen, Ringen, Zerlegen, Angriffe auf vitale Punkte des Körpers usw. Die Gestaltung und Anordnung dieser Bewegungen basiert auf dem medizinischen Wissen des alten China und entspricht den Bewegungsregeln des menschlichen Körpers. Serien solcher Bewegungen legen besonderen Wert auf die Kombination von Aktivität und Stille, das Gleichgewicht zwischen Yin und Yang, die Ergänzung von Härte und Weichheit sowie die Einbeziehung von Geist und Form. Das bekannteste Prinzip sind die „Sechs Harmonien“, bestehend aus den drei äußeren Harmonien (Schultern und Hüfte, Ellbogen und Knie, Hände und Füße) und den drei inneren Harmonien (Geist und Absicht, Absicht und Chi, Chi und Kraft). Der alte chinesische Glaube an die Einheit von Mensch und Natur legt nahe, dass nur solche Bewegungen als richtig bezeichnet werden können, die der natürlichen Struktur des menschlichen Körpers entsprechen. Shaolin Kung Fu ist durch seine lange Geschichte geprüft worden, in der es seine Chan-buddhistische Essenz bewahrte, während es das Unerwünschte aus sich herausgefiltert und sich ständig verändert und selbst reformiert hat.

Die Praxis des Shaolin Kung Fu sollte zunächst auf dem Glauben des Buddhismus basieren, einschließlich des Glaubens an Weisheit und Stärke. Der erste Patriarch Bodhidharma wird als Bodhisattva der

Stärke verehrt. Das Streben nach übernatürlicher Macht und das Streben nach höchster Weisheit waren schon immer die Ziele der Buddhisten. Dies ist auch der Hauptgrund für die mystische Wirkung von Kung Fu und unterscheidet Shaolin Kung Fu von anderem Kung Fu.

Die Buddhisten messen der unterstützenden Rolle des Glaubens an die Kraft des Gelübdes große Bedeutung bei. Es entstand während der Tang-Dynastie, als sich das Lotus-Sutra einer außerordentlich großen Beliebtheit erfreute. Seitdem hat es drei buddhistische Geschichtsperioden durchlaufen, die durch den Glauben an die Bodhisattva Guanyin, an die Gottheit Narayan und an Kinnara gekennzeichnet sind. Die Hauptgottheit im Glaubenssystem des Shaolin Kung Fu ist Kinnara.[1] Im ständigen Wohnkomplex des Shaolin-Tempels gibt es eine Halle, die Kinnara gewidmet ist. Die Seele des Shaolin Kung Fu ist in der Weisheit des Chan-Buddhismus verwurzelt. Grundlage des Glaubenssystems des Shaolin Kung Fu ist *chan ding* (skt. *dhyana*). Der berühmte indische Mönch Bodhidharma führte diese Chan-Tradition im 6. Jahrhundert in den Shaolin-Tempel ein, der seither als Ursprung des Chan-Buddhismus in China gilt.

Der Chan-Buddhismus ist das Ergebnis und die Synthese eines weitreichenden Austauschs im philosophischen und religiösen Verständnis zwischen dem, was damals als chinesische „dunkle Gelehrsamkeit" bekannt war, und der indischen buddhistischen Kultur nach ihrer Einführung in China. Vor der Entstehung des Chan-Buddhismus beschäftigte sich der Buddhismus hauptsächlich mit dem Problem der Trauer und des Todes, aber der Chan-Buddhismus führte eine viel optimistischere Sichtweise ein, in der die tiefe Freude, die man im Leben finden kann, bekräftigt wird.

Während der Tang- und Song-Dynastien genoss der Chan-Buddhismus ein hohes Maß an Akzeptanz und Popularität, und der Shaolin-Tempel gilt zu Recht als seine Geburtsstätte. Die Kombination des Chan-Buddhismus mit einem einzigartigen System von Kampfkünsten ist zum Hauptmerkmal des Shaolin Kung Fu geworden; die Mönche des Tempels betrachten ihre persönliche Perfektion in diesem System als ideales und lebenslanges Ziel.

Im Buddhismus gibt es fünf grundlegende Gebote: Verzicht auf Töten, Verzicht auf Diebstahl, Verzicht auf Ehebruch, Verzicht auf Alkohol und Verzicht auf Lügen. Diese Gebote haben sich direkt auf das Shaolin Kung Fu ausgewirkt: Die Mönche im Shaolin-Tempel üben die Kampfkünste zur Selbstverteidigung und nicht zum Angriff. Daher gehören Merkmale wie Selbstbeherrschung und Bescheidenheit zum Shaolin Kung Fu. Die Bewegungen benötigen meist keinen großen Raum und sind eher zurückhaltend, kurz, aber kraftvoll, wobei der Schwerpunkt auf innerer Stärke liegt.

Shaolin Kung Fu wird hauptsächlich durch mündliche Formeln gelehrt, die von Generation zu Generation weitergegeben werden. In der Geschichte basierte die Anerkennung der Erben des Shaolin Kung Fu auf dem patriarchalischen Clan-System des Shaolin-Tempels. Im Prozess des Lehrens und Lernens von Shaolin Kung Fu ist es notwendig, dass die Meister ihre Schüler durch persönliches Beispiel und mündliche Unterweisung unterrichten und dass die Schüler fleißig lernen. Die Vererbung eines hohen Niveaus des Shaolin Kung Fu hängt immer von der Lehre und der mündlichen Unterweisung der Meister sowie dem spirituellen Verständnis des Chan-Buddhismus der Schüler ab. Um ein hohes Kung Fu-Niveau zu erreichen, müssen sich die Mönche sowohl im täglichen Chan-Studium als auch in der Kung Fu-Praxis verbessern. Die Idee hinter Shaolin Kung Fu ist der Glaube an die Kombination von Chan und Kampfkunst.

Shaolin-Kampfmönche

Der Vorgänger des Shaolin Kung Fu Mönchskorps waren die Shaolin-Kriegermönche. In seiner Regierungszeit als Tang-Kaiser gewährte Li Shiming (598-649 n. Chr.), der dreizehn Mönchen für die Rettung seines Lebens dankbar war, dem Shaolin-Tempel das Privileg von Kriegermönchen.

Gegen Ende der Song-Dynastie stattete Kaiser Taizu (Gründer der Song-Dynastie von 960 bis 976) dem Shaolin-Tempel einen Besuch ab und entsandte daraufhin eine Reihe von Militärs in den Tempel, um einerseits Kriegermönche auszubilden und andererseits die Shaolin-Kampfkünste zu meistern.

Während der Yuan-Dynastie (1279-1368) wurde der damalige Shaolin-Abt Fuyu vom Kaiserhof zum Großpräzeptor ernannt, da er sich sehr für die Kung Fu-Praktiken der Kriegermönche einsetzte.

In der Ming-Dynastie (1368-1644) gab es im Shaolin-Tempel mit über tausend stehenden Kriegermönchen die größte Anzahl aller Zeiten. Mehr als fünfhundert angeworbene Kriegermönche wurden für den Kampf gegen japanische Piraten geehrt. In der Geschichte des Tempels wurden häufig Kriegermönche in die Armee aufgenommen.

In der Qing-Dynastie (1644-1911) verdächtigte der Kaiserhof den Tempel, die Regierung stürzen und die Ming-Dynastie wieder einsetzen zu wollen; er verbot daher die Ausübung der Kampfkünste, was zum Untergang des Shaolin-Kriegerheeres führte. Da sie jedoch eine Vorliebe für Kung Fu hatten, übten einige Kriegermönche im Verborgenen weiter.

In der Zeit der Republik China (1912-1949) kam es zu einer Wiederbelebung des Shaolin Kung Fu. Bei einem Besuch des Shaolin-Tempels war der damalige Präsident Chiang Kai-shek von den Vorführungen der Kriegermönche begeistert.

Nach der Gründung der Volksrepublik China im Jahre 1949, insbesondere nach der dritten Plenartagung des Elften Zentralkomitees, wurde die Religionspolitik der chinesischen Regierung vollständig umgesetzt und auch der traditionelle Sport erlebte einen allmählichen Aufschwung. 1987 gründete Meister Shi Yong Xin das Shaolin *Wushu* Team, um Shaolin *Wushu* zu fördern. Im Jahr 1989 wurde das Shaolin *Wushu* Team in „Shaolin Kung Fu Mönchskorps“ umbenannt. Das Kung Fu Mönchskorps folgte dem historischen Muster der Shaolin-Kriegermönche, nur dass sich seine Funktion auf die Ausübung von Shaolin Kung Fu beschränkt, mit dem Ziel, traditionelles Kung Fu sowie die authentische Shaolin Chan-Kultur zu verbreiten.

Als Erbe und Botschafter des Shaolin Kung Fu und der chinesischen Kultur wurde das Shaolin Kung Fu Mönchskorps auf diverse Kontinente eingeladen und führte authentisches Shaolin Kung Fu in über sechzig Regionen und Ländern vor.

„Tugend (dé), die sich nicht vor Kraft beugt, konzentriert sich auf Verteidigung und nicht auf Aggression. Verteidigung ist Geburt, Angriff ist Tod."

(Miao Xing)

72 Übungen der Shaolin

Einleitung

Gongfu – oder Kung Fu nach dem Wade-Giles Romanisierungssystem –, die innere Meisterschaft, und seine Anwendung in der Kampfkunst geben eine stabile Grundlage für die Formung eines Menschen. Zuallererst muss man aber das Chi, die Lebensenergie, nähren. Wenn das Chi fließt, ist der Geist, *Shen*, erfüllt, und die Kraft genügt. Dennoch musst du nicht angreifen. Ehre und Unehre, Hitze und Kälte, Wind und Regen bedeuten nichts. Was einem gewöhnlichen Menschen schadet, kann dir nichts mehr anhaben.

Wenn du verstehst, dass Leben und Tod nur Illusionen sind, kannst du die Wahrheit von der Lüge unterscheiden. Hüte dich besonders vor Zorn und anderen aufwühlenden Emotionen. Wenn du die 72 Künste praktizierst, wird sich deine Gesundheit verbessern. Dazu bedarf es Entschlossenheit. Bleibe aber stets im Verborgenen und schade niemandem.

Die Übung von *Gongfu* und der Kampftechniken ähnelt der Meditation und stärkt zudem den Körper. Durch die Vereinigung von *Jing*, dem grundlegenden, sich reproduzierenden Prinzip des Lebens, Chi und *Shen*, die in dieser Reihenfolge auseinander hervorgehen und spirituelle Energie werden, entsteht die beste Kunst der Selbsterhaltung. Gebt vor anderen nicht an mit euren Künsten und begegnet äußeren Missgeschicken und Beleidigungen mit Gleichmut und Frohsinn. In der Konzentration des Chi in Verbindung mit der Kampfkunst könnt ihr *vishaya* (das Höchste) erlangen.

Wenn man *Wushu*, die Kampfkunst, trainiert, muss man neben den Techniken und den Waffen auch dem harten und weichen *Gongfu* Aufmerksamkeit schenken. Das weiche *Gongfu* entspricht Yin und stärkt die innere Energie Chi, das harte *Gongfu*, mit dem man Schläge und Tritte ausführt, entspricht Yang und stärkt die äußere Kraft *Li.*

Weiches *Gongfu* zu üben ist schwieriger. Man mag aussehen wie ein normaler Mensch, aber wenn man geschlagen wird, dringt der Schlag ein, als wäre man aus Watte, und man erleidet keinen Schaden. Schlägt man jedoch selbst, wird der Gegner zu Boden gehen, selbst wenn man ihn gar nicht berührt hat. Das weiche *Gongfu* kann so das Harte besiegen. Die alten Meister sagten: „Wenn du Kampftechniken ohne *Gongfu* übst, wirst du bis ins hohe Alter nichts erreichen."

Chi wirkt als „Verteidigung", *Xue* (Blut) als „Nahrung", beide bedingen einander. Chi jedoch ist wichtiger, ohne Chi stirbt der Mensch. Es entsteht im *Zhong Jiao* (entspricht etwa dem Solarplexus), konzentriert sich in der Lunge, bewegt sich im ganzen Körper tagein und tagaus, und treibt den Blutkreislauf an. *Xue* ist das Ergebnis von Wasser und fester Nahrung, die in Milz und Magen verdünnt wurden. Es sammelt sich im Herzen und wird auf ein Signal der Leber hin den Nieren und der Lunge zugeführt. Mit seinen roten und weißen Bestandteilen zirkuliert es im gesamten Körper. Füße, die Blut erhalten haben, können gehen; Ohren, die Blut erhalten haben, können hören; Augen, die Blut erhalten haben, können sehen. Wenn Chi und *Xue* zusammenkommen, arbeiten die inneren Organe gut, Yin und Yang vermehren sich. Mit vollem *Xue* sieht man gesund aus; doch ist das Chi schwach, wird man hinfällig. Man erhält Chi und füllt *Xue* auf, indem man *Gongfu* und die Kampftechniken übt. Das Chi setzt hierbei das *Xue* in Bewegung. So wappnet man sich gegen Krankheiten, steigert das Atemvolumen und den Willen. Das Chi soll so trainiert werden, dass es sich auf eigenen Willen hin in jedem Körperteil konzentrieren lässt. Die Entwicklung eines Menschen entspricht der seines Chi und *Xue*.

Bei den 72 Künsten geht es in erster Linie um Geistesruhe und Konzentration. Weder ablenkende Einflüsse von außen noch eigene Gedanken sollen einen stören. Es ist wichtig, Klarheit, Willen und moralische Stärke zu haben.

Dies sind die zehn Verbote: Faulheit, Eitelkeit, Eile, Übermut, starke Getränke, Torheit, Verleumdung, Heuchelei, mangelnder Respekt gegenüber Lehrern und Unterdrücken der Jugend.

Hinzu kommen die zehn schädlichen Dinge: Sexuelle Begierden, die der Seele schaden; heftige Wut, die dem Chi schadet; übermäßige Nachdenklichkeit, die den Nerven schadet; Kummer, der dem Herzen schadet; Alkohol, der dem Blut schadet; Bequemlichkeit, die den Sehnen schadet; Überstürzung, die den Knochen schadet; Rauchen, das der Lunge schadet; scharfes Essen, das dem Magen schadet; übertriebenes Trinken, das der Milz schadet.

Die fünf Forderungen lauten: Ernsthaftigkeit, Gewissenhaftigkeit, Willenskraft; Ehre; Befolgen der Methoden.

Wer die Forderungen, Verbote und schädlichen Dinge kennt, kann mit der Übung beginnen. Zunächst werden die Muskeln, dann die Sehnen trainiert, danach das Chi.

Mantras für innere Organe

Die Behandlung der inneren Organe sieht so aus: Jeden Tag vor Mittag und Mitternacht sitzt man bequem, klappert mit den Zähnen und schluckt seinen Speichel. Dazu spreche man die Silben *He, Xu, Hu, Si, Chui* und *Xi*: *He* (fürs Herz) mit über dem Kopf verschränkten Armen, *Xu* (für die Leber) mit offenen Augen, *Hu* (für die Milz) mit rund nach vorn gestülpten Lippen, *Si* (für die Lunge) mit erhobenen Armen, *Chui* (für die Niere) mit um die Knie geschlungenen Armen und *Xi* (für die drei „Heizer"[2]). Die inneren Organe sind der Sitz von Chi und *Jing*. Mit dem täglichen Rezitieren der sechs Silben wird inneres Übel beseitigt und äußeres Übel ferngehalten. Man tut dies mit tiefer Stimme, fast unhörbar, während langen Ausatmens.

Aufhängen der Goldmünze

Hiermit werden Gehör und Sehvermögen geschärft. Nimm eine alte Münze mit Loch, hänge sie mit einer Schnur in Höhe deiner Stirn auf. Lasse sie von deinen Augen wegschwingen. Wenn sie zurückkommt und dein Augenlid erreicht, versuche, nicht zu blinzeln. Ist dies gelungen, lasse die Münze hinter deinem Rücken schwingen und versuche das Geräusch zu hören.

Der Kreis

Hierfür werden zwei Metallringe mit kleinem Durchmesser verwendet, die je etwa zwei Kilo wiegen und mit fünf Fingern erfasst werden können. Dann dreht man die Ringe wie ein Steuerrad. Nach und nach lässt man einen Finger nach dem anderen weg und erhöht später das

Gewicht der Ringe bis auf knapp acht Kilo. So werden deine Finger wie Stahlhaken. Drehe die Ringe so oft wie möglich.

Hängende Perle des Buddha

Nimm zwei buddhistische Perlen, fädele sie auf und hänge sie in Höhe der Stirn vor und hinter deinen Meditationssitz. Bringe sie zum Schwingen, während du meditierst. Eine Perle geht an den Augen vorbei, eine hinterm Kopf. Blinzle nicht und versuche, das Geräusch der Bewegung hinter dir wahrzunehmen. Wenn es gelingt, schnelle einen Arm heraus und fange eine Perle mit zwei Fingern. Später wirst du so aufgrund dieser Meisterschaft eine kleine Waffe[3] deines Gegners fangen können.

Tausend Lagen Papier

Man befestigt tausend Blatt Papier in Höhe der Taille an einem Holzpfahl. Schlage auf den Papierblock. Hiermit soll die harte Kraft trainiert werden. Führe Schläge mit Fäusten, Handflächen, Fingern und Ellbogen aus, zunächst in Reiterstellung, dann in Bewegung und Sprüngen. Übe schneidende wie auch krachende Schläge, während du den Oberkörper drehst. In der Bogenstellung führe klatschende Schläge aus, seitliche und rückwärtsgewandte Ellbogenstöße. Dies kann mit abwechselnden Händen oder in einer bestimmten Folge geschehen. Benutze verschiedene Handtechniken und stelle dir dabei Gegner vor. Nach zwei Jahren wirst du diese Übung beherrschen und deine Schläge werden schnell wie Regentropfen bei Wind sein.

Einen Watteball schlagen

Forme Watte zu einem Bällchen und hänge es auf. Führe präzise Schläge mit einem oder zwei Fingern, der Handfläche und der Faust aus. Auch mit Waffen wie Stock, Speer und Schwert kannst du daran üben. Zunächst wird es schwierig sein, das Wattebällchen zu treffen, später kannst du sogar zwei nebeneinander aufhängen.

Schlagen der Holzpuppe

Stecke einen Holzpfosten gut einen Meter tief in die Erde. Darüber sollte er ca. zwei Meter hoch sein. Befestige quer einen Balken von etwa einem halben Metter Länge in der Mitte, so dass es aussieht wie ein Mensch mit ausgestreckten Armen. Umwickle alles mit Watte und außen mit Leder. Verwende dann verschiedene Techniken mit dem ganzen Körper, indem du dir vorstellst, die Holzpuppe sei ein Gegner.

Tritte gegen die Holzpuppe

Zunächst werden verschieden Tritte im Stand ausgeführt, dann in der Bewegung, danach mit Schritten und Sprüngen. Stell dir die Puppe als Gegner vor und weiche nach einem Angriff aus, wechsle schnell die Techniken und vergiss deine Deckung nicht.

Fliegender Meteor

Hänge an einem Balken drei oder vier Eisenkugeln oder Steine auf, die etwas größer als ein Gänseei sind. Tritt dagegen, so dass sie zur Seite schwingen, und versuche sie erneut zu treffen. Vier Mal hintereinander zu treffen, ohne dass die Kugeln den eigenen Körper berühren, gilt als meisterlich. Dabei wird nicht nur die Präzision der Tritte geübt, sondern auch die Augenkonzentration.

Massage

Regelmäßig das Gesicht massieren, die Augen reiben, an den Ohren ziehen, die Zähne aufeinanderschlagen, den Rücken und die Brust wärmen, den Bauch massieren, die Füße reiben, den Speichel schlucken, die Taille lockern, Knie und Ellbogen sowie Hand- und Fußgelenke kreisen, Schultern gerade halten, das Yin (und damit sexuelle Begierde) kontrollieren, Rippen und Rücken abklopfen, mit dem Kopf stoßen, die Oberschenkel massieren.

Übung für den Kopf

Beide Hände bedecken die Ohren, mit den Zeigefingern zupft man daran, mit den Handflächen erzeugt man ein Vibrieren in den Ohren, so kann man schädliches Chi, Wind und Wasser loswerden. Drehe den Kopf nach beiden Seiten, auch indem Schultern und Arme der Bewegung folgen. Reibe den Kopf mit beiden Händen.

Übung für das Gesicht

Reibe beide Handflächen aneinander, um sie zu erwärmen, und bedecke dann damit dein Gesicht, als ob du dir Schweiß abwischen wolltest. Spucke in die Hände und reibe dein Gesicht erneut von innen nach außen und allmählich nach unten gleitend mit beiden Händen neun Mal; dann neun Mal die Stirn.

Übung für die Nase

Reibe die Rückseiten der Daumen, um sie zu erwärmen, und dann beide Nasenflügel sechsunddreißig Mal. Dann reibe mit den Zeigefingern den unteren seitlichen Ansatz deiner Nasenflügel sechsunddreißig Mal von oben nach unten.

Übung für die Ohren

Reibe mit beiden Händen nach oben und unten über die Ohren. Setze dich gerade hin, strecke ein Bein aus und ziehe das andere heran, hebe beide Arme in die Waagerechte und drücke mit aufgerichteten Handflächen auf beiden Seiten wie gegen eine Tür; drehe dann den Hals sieben Mal in beide Richtungen. Mit den Zeigefingern wende beide Ohrmuscheln neun Mal nach Außen, dies nennt man „kluges Ohr".

Übung für die Augen

Reibe nach dem Aufwachen vierzehn Mal mit der Rückseite deiner Daumen die geschlossenen Augenlider und rolle dabei mit den Augen sieben Mal in jede Richtung. Ohne die Augen weit zu öffnen, massiere dann die Augenbrauenwinkel sechsunddreißig Mal mit den Daumengelenken. Reibe mit beiden Händen die Stirn gegen den Uhrzeigersinn, von der Mitte der Augenbrauen sechsunddreißig Mal. Schlucke den Speichel wie gehabt.

Gehe in die Hocke und stütze dich mit beiden Armen ab, drehe den Kopf kraftvoll sieben Mal nach links und rechts, das nennt man den Tigerblick. Reibe außen an den Augen mit den Daumenspitzen sechsunddreißig Mal nach außen. Streiche mit den Mittelfingern von den Augeninnenwinkeln am Nasenrücken sechsunddreißig Mal nach unten, dies nennt man die Methode der klaren Augen.

Übungen für den Mund

Ist der Hals entzündet oder der Mund trocken und ohne Speichel, so dass keine Nahrung aufgenommen werden kann, öffne den Mund und atme mit dem Ton *He* zehn Mal aus, schlage neun Mal die „himmlische Trommel“, d. h. mit den Fingerspitzen auf den Hinterkopf parallel zu den Ohren, rühre den Speichel im Mund, wiederhole das Ausatmen mit *He* und schlucke den Speichel. Die Zunge massiert den Gaumen und bewirkt die Produktion von Speichel.

Übung für die Zunge

Die Zunge massiert wie im obigen Beispiel den Gaumen, das Schlucken von großen Mengen Speichel fördert die Verdauung.

Übung für die Zähne

Die Zähne werden sechsunddreißig Mal aufeinandergeschlagen, um den „Anfangsgeist“[4] zu sammeln. Beim Urinieren sollen die Zähne fest zusammengebissen werden. Dies erfüllt den Körper mit Energie und verlängert das Leben.

Übung für den Körper

Mit angezogenen Knien setze dich mit geradem Rücken und weitem Brustkorb auf den Boden, eine Ferse stützt das Geschlechtsteil und verhindert so ein „Ausbluten“ von *Jing* und Chi. Der andere Fuß steht bequem frei. Stehe dann langsam und ohne hastige Bewegungen auf. Beim Gehen bleibe gerade und senke den Kopf nicht. Auch im Liegen halte den Oberkörper gerade und den Kopf nicht schief.

Nach frühmorgendlichem Aufstehen sei vorsichtig mit deinem Kopf, wenn du ihn aus Ehrerbietung gen Boden bringst. Meide Begierde, Wut, Eile und Geiz. Sitze nicht lange auf nassem Gras oder in nasser Kleidung in der Kälte; bei Hitze trage nicht zu viel Kleidung und fächele dir keine Luft zu; zünde vorm Schlafen keine Kerze an; meide zwischen 23 und 1 Uhr den Geschlechtsverkehr und trinke nach dem Verkehr keine kalten Getränke. Gieße kein heißes Wasser über deine Muskeln und deine Haut; trainiere nicht betrunken oder wenn du dich unwohl fühlst.

Schädlich sind: langes Schauen für *Jing*, langes Zuhören für *Shen*, langes Liegen für Chi, langes Sitzen fürs Gefäßsystem, langes Stehen für die Knochen, langes Gehen für die Muskeln, Zorn für die Leber, Gedankentumult und übertriebene Freude für die Milz, Kummer für die Gefäße und das Herz, Völlerei für den Magen, Angst für die Nieren, vieles Reden und Spucken für den Speichelfluss, übermäßiges Schwitzen fürs Yang, übermäßiges Weinen fürs Blut, übertriebene Geselligkeit fürs Mark, lange Trauer fürs Gehirn, Überarbeitung für die Kraft.

1

Diamantfinger (Buddhas Finger)

Diese Übung stärkt Haut, Muskeln und Knochen. Wenn man sie beherrscht, kann man mit dem Finger ein Loch in eine Brust stoßen und innere Organe verletzen. Dazu trainiert man täglich an einer Wand oder einem Baumstamm oder Ähnlichem. Zunächst stößt man schwach zu, dann allmählich kräftiger. Dabei wird die Haut abreißen und Muskeln und Sehnen werden anschwellen und schmerzen. Mit der Zeit wird die Haut hart und nach drei Jahren der Finger wie ein Ast. Schlägst du dann auf Holz, bleibt ein Abdruck zurück, ein Stein kann brechen. Übe mit beiden Händen.

2

Der Strohschneider

Beide Unterarme prallen wie Stöcke oder Strohschneider (Dreschflegel) aufeinander, ein Unterarm schlägt auf den anderen. Anfänglich ist dies schmerzvoll, später wirst du nur noch dumpfe Schläge hören. Auf die gleiche Weise werden Handgelenke, Fäuste, Handflächen und der gestreckte Zeigefinger trainiert, bis nur noch ein hohles Pochen zu hören ist. Es folgt das Schlagen der Unterarme auf Füße und Schienbein, wobei abwechselnd das linke und rechte Knie angehoben wird. Ist die Haut zu sehr angeschwollen, sollte man aufhören. Mit dieser Methode wird das Weiche ins Harte umgewandelt und die Blutzirkulation verbessert, Muskeln und Knochen werden gestärkt. So kann man gar Waffen des Gegners mit dem eigenen Körper abwehren.

3

Schlagen mit dem Fuß

Bei Morgen- und Abendspaziergängen trete mit einem Zeh fest gegen kleine Steine und steigere allmählich die Kraft dahinter. Gehe zu großen Steinen über; wenn du sie in eine gewisse Entfernung treten kannst, erkennst du deinen Forstschritt. So kannst du einen Gegner von den Füßen holen.

4

Herausziehen von Nägeln

Damit kannst du Geschicklichkeit und Kraft von Daumen, Zeige- und Mittelfinger entwickeln. Schlage 108 Nägel mit einer Länge von 10 cm in ein Brett und ziehe sie dann mit Daumen und Zeigefinger heraus. Wenn dir dies gelungen ist, verschärfe die Übung, indem du Nägel mit Wasser besprenkelst und rostig werden lässt, ehe du sie herausziehst. Da die Hände zunächst Blasen bekommen und bluten, pflege sie nach der Übung mit einer warmen Lösung aus Salzwasser. Manche können tausende Nägel hintereinander entfernen. Mit solcher Kunst kann man auf den entsprechenden Punkten des Gegners schwere Verletzungen durch Fingerstöße verursachen.

5

Den Baum umarmen

Diese Übung wird auch Maitreya (zukünftiger Buddha) genannt. Sie trainiert die Yang-Stärke, dient aber auch der inneren Arbeit *(nèigōng)* und Kraft. Man stärkt Brust- und Bauchmuskeln mit einem Haltegriff, indem man einen Baum mit beiden Armen fest umschlingt und so zudrückt, als wolle man den Baum entwurzeln. Tue dies mehrmals täglich und höre erst auf, wenn dir die Kräfte schwinden. Kannst du den Baum so schütteln, dass seine Blätter abfallen, hast du Fortschritte erzielt. Während deine Brust- und Bauchmuskeln hart werden, wird der Baum welk. Du kannst auch mit einem dünneren Baum üben, wenn du Zweifel hast. Schließlich wird dir dies im Kampf helfen, wenn du deine Arme um einen Gegner schlingst.

6

Die vierteilige Übung[5]

Die vierteilige Übung enthält weiches wie hartes *Gongfu* und ähnelt den „Acht Brokatstücken"[6]. Bevor man diese Kampftechnik erlernt, sollte man den Reiterstand[7] und die entsprechenden Schritte trainieren.

I
Den Himmel stützen, die Erde erheben, die drei Heizer anpassen

Stehe gerade, strecke die Brust heraus, ziehe das Gesäß ein, schaue nach vorne, als ob du einen Wutanfall unterdrückst. Die Finger beider Hände sind geschlossen, Arme und Beine sind gerade, die Knie sind geschlossen, Fersen und Zehen beider Füße berühren einander. Beide Arme werden langsam vom Körper wegbewegt, die Ellbogen nicht beugen, die Arme werden nach oben gehoben, als ob man einen Ring um eine Kugel macht. Dann werden die Finger über dem Kopf verschränkt, die Handflächen zeigen nach oben, als ob man ein Gewicht von einer halben Tonne trüge. Man hebt die Arme mit aller Kraft nach oben, schaut auf die Handrücken, der Kopf bewegt sich dabei nach hinten, der Nacken spannt sich an, die Kiefer sind zusammengebissen. Dann kippt der Oberkörper langsam nach vorne, bis eine Handfläche den Boden berührt. Je tiefer der Körper kippt, desto besser. Dabei bleiben die Beine gerade, die geringste Beugung in den Knien ist nicht erlaubt. Danach richtet sich der Oberkörper auf und hebt sich, die Arme werden mit Kraft gesenkt, machen wieder einen Kreis und man nimmt die Ausgangsposition ein. Diese Übung sollte langsam ausgeführt werden.

II

Fünf Schäden, sieben Qualen (Zurückschauen)

Stehe gerade, drehe den Kopf langsam nach rechts, schaue nach hinten und versuche, die Ferse deines linken Fußes zu sehen. Beim Drehen des Kopfes ist die Brust vorgestreckt, der Oberkörper ansonsten bewegungslos, die Schultern sind nicht geneigt. Drehe dann den Kopf zurück in die Ausgangsposition. Dann den Kopf nach links drehen, nach hinten schauen und versuchen, die Ferse deines rechten Fußes zu sehen. Auch hiernach kehrt der Kopf langsam in die Ausgangsposition zurück.

III

Das Fenster öffnen, um den Mond zu bewundern; Feuer aus dem Herzen vertreiben

Füße auseinanderstellen, den Reiterstand einnehmen, die Brust ist etwas nach vorne gedrückt. Die Hände sind zu Fäusten geballt und mit den Handflächen nach oben an die Taille gepresst, Blick nach vorne. Das linke Bein macht einen Stoß nach unten und streckt sich, die linke Hand hebt sich nach links, die rechte Hand macht einen Stoß nach rechts, der Oberkörper dreht sich ebenfalls nach rechts. (...) [Weitere Instruktionen sind von einem Lehrer einzuholen.]

IV

Die Leere einfangen, die Leere schlagen

Stelle die Füße parallel weit auseinander und nimm den Reiterstand ein. Die Hände sind zu Fäusten geballt und an die Taille gepresst. Führe einen kräftigen Schlag mit der rechten Faust aus, die Faust ist auf Schulterhöhe, die Handfläche zeigt nach unten. Die linke Faust bleibt an der Taille. Die rechte Hand öffnet sich und ballt sich sofort wieder zur Faust, als würde man etwas auffangen, und kehrt sofort mit Kraft zur Taille zurück. Gleichzeitig führt der linke Arm mit der Faust einen Schlag nach vorne aus, wobei sich die Handfläche nach unten dreht. Dann schlägt die rechte Faust nach vorne und die linke Hand als Faust zurück. Mache so weiter, bis deine Beine müde sind und die Kraft nachlässt, und bringe dann das linke Bein in die Ausgangsposition zurück.

Die „vierteilige Übung" ist zwar kurz, aber es ist notwendig, sie mit einem reinen und ruhigen Herzen zu vollziehen sowie Kraft und Aufmerksamkeit zu konzentrieren. Die Atmung sollte frei sein, man darf sie nicht erzwingen, aber auch nicht anhalten. Es ist notwendig, tief auszuatmen, wenn man sich niederbeugt. Stützt du den Himmel mit deinen Armen, sollten die Finger beider Hände verschränkt sein, dann gelangt das Chi in die Fingerspitzen. Es ist besser, die Ferse etwas anzuheben, also auf Zehenspitzen zu stehen. Wenn die Handflächen den Boden berühren, muss eine übermäßige Kraftanwendung vermieden werden, da sonst die Niere verletzt werden kann. Bleibe nicht auf halbem Weg stehen, hab keine Angst vor Fortschritten. Alle Bewegungen sollten langsam und mit einer gewissen Kraft ausgeführt werden. Überstürze nichts, strebe nicht nach einem schnellen Erfolg. Im Laufe des Trainings wirst du nicht nur deine Gesundheit und deinen Geist erneuern, sondern auch eine solide Basis für weitere Verbesserungen im *Gongfu* legen.

7

Ein-Finger Chan-Meditation

Diese Übung gehört zur Kategorie Yin und ist eine der tödlichsten unter den weichen Arten des *Gongfu*. Sie konzentriert sich auf einen Finger. Ein bekannter Meister der südlichen Shaolin-Schule hängte dafür ein Gewicht an einer Stelle auf, wo er täglich vorbeikam, und stieß regelmäßig mit dem Finger dagegen. Mit der Zeit vergrößerte er den Abstand und berührte das Gewicht mit seinem Schlag nicht mehr – trotzdem begann es zu schwingen. Dann stellte er nachts Lampen auf und schlug im Abstand von gut sechs Metern nach ihnen. Zunächst flackerten die Flammen nur, später erloschen sie. Auf der nächsten Stufe werden die Lampen mit Papierschirmen versehen und es gilt, durch das Papier hindurch den gleichen Effekt zu erzielen, wenn man ins Leere stößt. Schließlich kommen Glasschirme: Wenn die Flamme erlischt, ohne dass das Glas zerbricht, ist das Ziel erreicht. Dies setzt etwa zehn Jahre Training voraus. Richtet man solche Stöße gegen Menschen, sind keine Wunden zu sehen, aber die inneren Organe werden verletzt, zum Beispiel kann die Blutzirkulation unterbrochen und nur durch eine spezielle Massage wieder angeregt werden. Diese Übung ist viel schwerer als „Die Hand des roten Schusses", „Die Hand des schwarzen Schusses" und „Die Hände der fünf Gifte".

8

Eiserner Kopf

Diese Übung gehört zur Kategorie Yang und trainiert äußere Stärke, muss sich aber auch auf ein starkes Chi stützen. Der Kopf sollte mit Chi gefüllt sein. Es werden drei Seiten des Kopfes trainiert: Ober- und Rückseite sowie Stirn. Wickle mehrere Lagen Seidenstoff um deinen Kopf, darüber eine oder zwei Platten, und schlage dann mit dem Kopf gegen eine Wand. Anfangs geschieht dies weniger stark, nach einem Jahr werden zwei, drei Lagen Stoff weggenommen und nach weiteren hundert Tagen weitere Lagen. Nach etwa zwei Jahren benötigt man keinen Stoff mehr. Der Kopf wird so hart wie ein Stein und kann nun Platten spalten. Man nennt den Einsatz gegen Menschen auch „mit dem Ziegenkopf stoßen“. Er darf nur zur Selbstverteidigung geschehen. Dazu beruhige man seine Gedanken und verbessere seinen Charakter.

9

Eisernes Hemd

Diese Übung ist hartes *Gongfu.* Kombiniert man sie mit der Übung innerer Kraft namens „Die Kunst des Kindes“, die in sechzehn Teilen Standfestigkeit, Beweglichkeit, Gleichgewicht, Atemkontrolle und Schnelligkeit für Kinder lehrt, kann man den gleichen Erfolg erzielen wie mit der Übung „Bedecken mit der Goldglocke“. Wickle Brust, Bauch und Rücken mit einigen Lagen weichen Stoffs ein und massiere die eingewickelten Stellen mit Kraft. Lockere dabei von Zeit zu Zeit deine Ellbogen. Halte dabei nicht den Atem an.

Nachts sollte man auf einem harten Bett schlafen, das stärkt den Körper. Dazu dient auch, eine Grube zu graben, sie mit etwa 30 cm feinem Sand zu füllen und eine horizontale Stange darüber anzubringen, an die man sich morgens und abends hängt und dann in den Sand fallen lässt. Verschiedene Körperteile wie Schultern, Rücken, Brust, Bauch, Gesäß usw. sollten jeweils zwei Mal den Sand berühren. So übt man drei Jahre lang.

Danach schlägt man, ohne von Stoff umwickelt zu sein, mit einem Holzhammer auf seinen Körper, während man sein Chi auf den Punkt konzentriert, wo der Schlag auftrifft. Auch dies wird drei Jahre lang praktiziert. Wird der Oberkörper weich wie Watte, hat man das „Eiserne Hemd“ gemeistert.

10

Eine Reihe von Schlägen

Hierbei wird zunächst mit einem rechteckigen Stück Holz, ca. 30 cm lang, 25 cm breit und 5 cm dick, auf den Körper geschlagen, um Muskeln und Sehnen zu stärken. Zuerst auf die linke Schulter und den Unterarm, dann auf die rechte Schulter und den Unterarm. Beginne mit leichten Schlägen und steigere die Intensität, wiederhole hundert Mal und gehe auf Oberschenkel und Schienbeine über, dann zu Brust und Bauch, von links nach rechts, dann von der Rückseite der Taille abwärts die Beine hinunter. Übe morgens und abends und tausche das Holz nach einem Jahr gegen einen Ziegelstein aus, nach einem weiteren halben Jahr gegen einen gleichgroßen metallenen Gegenstand. Sogar Kopf und Ellbogen können so trainiert werden. Der Schutz wirkt gegen Angriffe mit Fäusten und Beinen, ist aber nicht so stark wie der des „Eisernen Stiers", der sogar vor Schwertern und Speeren schützen kann. Halte beim Schlagen den Atem an, atme dann aus und spanne dich für einen weiteren Schlag an.

11

Fegen mit eisernem Besen („Eisernes Bein“)

Die Kraft wird auf ein Bein konzentriert, besonders das Schienbein, und kann Gegnern Waffen aus der Hand schlagen. Jeden Tag wird hierzu das bewegungslose Stehen in Reiterstellung geübt. Wenn die Kraft schwindet, mache eine Pause und fang von vorn an. Zwei Stunden stehen sind das erste Ziel. Danach wird auf Holzpfählen, die in einigem Abstand in die Erde gerammt wurden, mit horizontalen Fußtritten geübt, mit einem Bein oder mit beiden gleichzeitig, wobei jede Fläche des Beines genutzt werden soll. Später kann man gegen Stangen treten und gegen Bäume. Übe Geduld, dies wird etwa drei Jahre dauern. Dann kannst du mit deinen Tritten die Knochen eines Gegners brechen und seine Muskeln zerreißen.

12

Die Hand, die im Sand rotiert

Diese Übung soll die Handflächen stärken und hat Ähnlichkeit mit „Pferdesattel schlagen“ und „Löcher in Steine schlagen“. All diese Übungen bilden den „Tödlichen Arm“. Fülle einen kleinen quadratischen Leinenbeutel mit unscharfen Eisenspänen, so dass er etwa 15 kg schwer ist. Binde ihn an einen Baum, nimm die Reiterstellung ein und schlage mit der Handfläche auf den Beutel. Die Hand muss mit Tinkturen geschützt werden. Mit der Zeit zeigen sich Beulen in der Tasche, schlage dann auf eine andere Stelle. Schlage auch, wenn der Sack sich auf dich zubewegt; wenn er rotiert, versuche so zu treffen, dass sich seine Richtung ändert. Erhöhe das Gewicht nach einiger Zeit schrittweise um je 10 kg, bis der Sack 65 kg schwer ist. Trainiere immer beide Hände.

Legende 1: Eine weiße Gans lauscht dem Sutra

Huiyuan, ein langhaariger Mönch des Shaolin-Tempels während der zwei Daxiang-Jahre (579-580) der Nördlichen Zhou-Dynastie, war ein Schüler von Dumentong Fashang, der damaligen Führungsspitze der Sangha. Huiyuan rezitierte das Lotus-Sutra und das Vimalakirti-Sutra jeweils tausend Mal und saß – seine Atemzüge zählend – in Meditation. Er hatte den Chan-Buddhismus von Meister Sengchou gelernt. Huiyuan hielt Vorträge über die Theorien der Schriften und predigte den Dharma im Shaolin-Tempel. Meistens kamen bis zu eintausend Zuhörer. Über ihn kursiert folgende Geschichte.

Der Legende nach hielt er im Qinghua-Tempel (dem heutigen Jincheng, Provinz Shanxi) eine weiße Gans. Die Gans stand immer in einer Ecke und hörte zu, wenn Huiyuan dozierte. Die Menschen nahmen davon keine Notiz, und so lauschte die weiße Gans viele Jahre lang den Dharma-Vorträgen. Später lebte Huiyuan im Jingying-Tempel der Stadt Chang'an. Diese Gans schnatterte dort Tag und Nacht im Korridor, was die Mönche unruhig und sogar hasserfüllt machte. Aber es war die Gans des Meisters, und die Menschen konnten nichts dagegen tun. Als ein Mönch nach Chang'an ging, um Angelegenheiten zu regeln, nahm er kurzerhand die Gans mit, damit sie nicht immer im Tempel gackerte. Der Mönch erreichte das Tor des Jingying-Tempels und ließ die Gans einige Zeit später frei. Sie lief geradewegs in die Meditationshalle zurück. Auch danach ging die Gans weiter zu den Dharma-Vorträgen, pünktlich beim Klang der Glocke, ohne je zu spät zu kommen oder zu früh zu gehen.

13

Springender Tausendfüßler

Diese Übung wird auch „Die Kunst der sich schlängelnden Schlange“ genannt und trainiert Arme, Beine und Sprungkraft. Gehe wie zum Liegestütz auf den Boden, Brust und Bauch heben sich ca. 6 cm vom Boden ab. Stoße dich dann mit Händen und Zehen vom Boden ab, nutze auch die Hüfte und richte die Kraft leicht nach hinten. Im Lauf der Zeit kannst du von Handflächen zu Fäusten übergehen und dich dann nur noch auf fünf, drei, zwei Finger und schließlich den Zeigefinger stützen. Du kannst auch einen Fuß anheben und in verschiedene Richtungen springen. So kann man einen Gegner überraschen, indem man sich geschickt wie eine Schlange am Boden windet, und man bekommt Kraft in Finger und Zehen.

14

Das Heben einer halben Tonne Gewicht

Weil das Übungsgerät einer chinesischen Wasserkastanie ähnelte, hat man diese Methode auch danach benannt. Sie trainiert das Greifen mit Daumen, Zeige- und Mittelfinger, stärkt die Arme und ähnelt den Übungen „Adlerkralle“ und „Einen Berg herausziehen“, doch die Kraft wird nicht über die Fingerspitzen, sondern über die Innenflächen der dritten Fingerglieder erzeugt. Beginne mit einem fünf Kilo schweren Trainingsgerät, das oben wie eine Flasche zuläuft und das du mit drei Fingern so anhebst und hältst, dass deine Fingerspitzen nach unten zeigen. Allmählich benutze Geräte mit Kanten und breitere Gegenstände, was das Halten erschwert. Später wirst du mit dem Gegenstand ein paar Schritte gehen und dann sogar im Kreis laufen können. Füge allmählich jeweils 1,5 bis 2,5 kg mehr dazu. Das Ziel ist, 30 kg eine Stunde lang so zu halten. Mit solchen Fingern kann man ein Holzbrett durchstoßen und dem Gegner schwere Wunden zufügen.

15

Handfläche des Himmels

Diese Übung erhöht die Stechkraft der Fingerspitzen. Man verwendet vier aneinandergelegte Finger und sticht sie gegen harte Gegenstände, bis sich darin eine Delle oder gar ein Loch zeigt. Trainiere dann an einem Stein weiter. Selbst jemand, der den „Eisernen Stier“ beherrscht, wird einer solchen „Himmlischen Hand“ nicht standhalten können, da sie auch Yin nutzt und das Weiche hier das Harte überwindet. Für diese Übung sind Zähigkeit und Ausdauer vonnöten.

16

Methode der Härte und Weichheit

Auch diese Übung nutzt Yang wie Yin. Nimm altes Papier, binde es mit einer Schnur zu einem Bündel ähnlich einem Ziegelstein, so dass es etwa 60 cm lang und breit ist. Befestige eine weitere Schnur daran. Auf einem langen Tisch schlage mit der rechten Faust auf das Bündel, so dass es sich fortbewegt. Ziehe dann mit der linken Hand an der Schnur das Bündel in die Ausgangsposition zurück. Mit der Zeit wird das Bündel immer weiter wegspringen. Erhöhe allmählich sein Gewicht, indem du Blei dazugibst, bis auf 50 kg. Wechsle regelmäßig die Hand. Wenn du die Methode beherrschst, kann ein Schlag im Kampf deinen Gegner mehrere Meter weit wegschleudern.

17

Die Hand der Pflaumenblüte

Diese weiche Übung der Kategorie Yin wird auch „Die Hand des roten Sandes“ genannt. Hierbei wird eine Wanne mit feinem Sand gefüllt, dann taucht man die Hände hinein und reibt sie kraftvoll, bis sie erschöpft sind. Das Ziel ist, die Hände im Abstand von 30 cm so zu reiben, dass er sich im Gleichklang mitbewegt. Später wird der Sand durch Eisenspäne und Eisenkugeln ersetzt, die etwa 150 Gramm wiegen sollten. Wer dies beherrscht, muss seinen Gegner nicht mehr berühren und kann ihn doch so verletzen, dass dieser innerhalb weniger Stunden oder sogar zehn bis fünfzehn Tage später stirbt. Dies setzt jedoch etwa fünfzehn Jahre Übung voraus. Diese Technik darf nur im Falle der Notwehr oder Nothilfe eingesetzt werden.

18

Liegender Tiger

Diese Übung wird auch „*Gongfu* des Schläfers“ genannt. Sie trainiert Finger und Zehen und ähnelt Liegestützen, bei denen man sich erst etwas nach vorn und nach oben bewegt, dann etwas nach hinten, wieder absenkt usw. Später macht man dies auf Fäusten und Fingern und stützt sich nur noch auf einen Fuß, den anderen legt man darüber (im Wechsel). Dann setzt man einen Stein auf den Rücken, dessen Gewicht man allmählich bis auf 50 kg steigern kann. Die Kraft der Zehen wird zehn Mal so groß werden.

19

Geschicktes Schwimmen und Tauchen

Diese Übung gründet auf innerem *Gongfu.* Alle Menschen sollten schwimmen lernen. Methoden wie das „hundeartige Schwimmen" sind weithin bekannt. Hier sind ein paar weitere. Beim Tauchen konzentriere das Chi in der unteren Magengegend, das hilft beim Absinken. Am Grund eines Gewässers oder Beckens gehe in Reiterstellung. Zunächst wirst du mit den Armen nachhelfen müssen, später wird dir die Stellung auch ohne weitere Bewegungen gelingen. Danach lerne das Laufen am Grund: Beuge deine Hüfte, strecke die Arme vor und bewege sie synchron mit den Beinen, um Schritte zu machen. Dies nennt man „Schwimmen wie ein Schwein". Auch dabei wird das Chi in den *Dāntián* (unterhalb des Bauchnabels) verlagert. So kann auch das „Abdrücken" geübt werden, bei dem der Oberkörper über der Wasseroberfläche ist und man sich durch Beintreten so fortbewegt, als ginge man auf dem Grund. Zunächst hebe dabei einen Arm an und bewege nur den anderen zusammen mit deinen Beinen, später benutze nur die Beine. Anfangs wird dein Kopf noch unter die Wasseroberfläche sinken, später kannst du Schultern und vielleicht sogar die Brust aus dem Wasser ragen lassen. Bei Sprüngen ins Wasser konzentriere Chi in der Lunge.

Für den Kampf im Wasser gibt es besondere Techniken. Eine ist die Wasserzirkulation durch die Nase, dabei wird Wasser durch den Mund aufgenommen und durch die Nase abgegeben. Das ist so schwierig, dass anfangs manchmal die Nase blutet. Außerdem muss das Öffnen der Augen unter Wasser eingeübt werden; dies geschieht zunächst im Waschbecken und dann in immer größeren Tiefen. Man kann die Augen danach mit Tee ausspülen.

Beim Angriff des Wasserpfeils drehen sich die Handflächen nach oben, die Arme von der Hüfthöhe bis zu den Achselhöhlen, d. h. nach vorne und nach oben. Dabei stoßen sich beide Beine nach unten und nach hinten ab. Gleichzeitig soll man etwas Wasser in den Mund nehmen und das Gesicht des Gegners damit besprenkeln. Wenn du auf dem Grund stehst, führen diese Aktionen dazu, dass sich ein Teil des Wassers vor deiner Brust auf den Feind zubewegt und an seine Brust drückt, der Feind nach hinten rutscht und sein Gleichgewicht verliert. Auch dies muss man einüben, nur davon zu lesen genügt nicht.

20

Das schwere Schleusentor anheben

Zunächst hebt man in Reiterstellung beide Hände mit nach oben zeigenden Handflächen über den Kopf wie in den „Acht Brokatstücken" *(Bāduànjǐn)*, wo dies „Anheben der Erde und Zurückführen der drei Heizer zur Quelle" genannt wird. Nach drei Monaten kann man eine Steintrommel oder ähnliches mit 10 bis 15 kg Gewicht heben und dieses allmählich bis auf 100 kg steigern. Ziel ist, dieses eine halbe Stunde lang zu halten.

21

Mit einer Goldglocke bedecken

Dies ist die wichtigste der 72 Übungen, sie stärkt sowohl Muskeln, Knochen und Sehnen als auch die inneren Organe. Zunächst stellt man einen Hammer aus Stoff her und schlägt damit auf den gesamten Körper, dann nimmt man einen Holz- und schließlich einen Eisenhammer, ähnlich dem „Eisernen Stier“ und „Eisernen Hemd“. Brust- und Rückenknochen werden so wie zu Einem verdichtet. Prellungen sollen mit Tinkturen behandelt werden.

22

Fingerschloss

Auch diese Übung gehört zum „Tödlichen Arm“. Zunächst werden Zeige- und Mittelfinger aneinandergepresst und gebogen auf den Daumen gedrückt. Der Kreis zwischen Daumen und Zeigefinger wird „Tigermund“ genannt. Sammle dein Chi und sende die Kraft des ganzen Arms in die drei Finger. Wiederhole dies oft. Nach ein bis zwei Jahren halte ein ca. 4 cm dickes Brett zwischen den Fingern und versuche so, ein Loch hineinzudrücken. Später übe mit einer Eisenplatte.

23

Die Kunst des nächtlichen Sehens

Man nennt sie auch „Luohan-Übung“ und sie soll die Sehschärfe bei Nacht verbessern. Wenn du aufwachst, öffne zunächst nicht die Augen, sondern erhitze die Rückseite deiner Daumen durch Aneinanderreiben und reibe dann damit vierzehn Mal die Lider, wobei du die Augen sieben Mal in beide Richtungen rollst. Warte etwas, bevor du die Augen öffnest, und tue dies nicht zu weit. Massiere den Punkt zwischen Augenbrauen und Nase[8] siebzig Mal mit gebogenem Daumengelenk. Reibe die Wangenknochen und die untere Rückseite der Ohren[9] sechsunddreißig Mal kreisend. Dann reibe die Stirn mit den Händen, beginne in der Mitte und bewege dich an beiden Brauen entlang, so wie ein Friseur dir die Haare kämmt oder ordnet, erreiche das Ende der Haare am Hinterkopf und wiederhole dies zweiundsiebzig Mal. Schlucke eine große Menge Speichel herunter. Diese Übung ist nach dem Aufwachen zu vollziehen.

Begib dich jede Nacht in Reiterstellung und betrachte den Mond. Übe auch, im Abstand von ca. sechs Metern in die Flamme einer Laterne mit zunächst hellgrünem Schirm zu sehen, insbesondere, wenn deine Augen müde sind. Öffne und schließe sie und praktiziere das Augenrollen, wie oben beschrieben. Ändere dann die Farbe des Lampenschirms von hell in einen dunkleren Ton bis hin zu Dunkelblau und vergrößere den Abstand um einen halben Meter, bis du am Ende dreißig Meter von der Lampe entfernt bist. Wenn die Flamme nur noch so groß wie eine Sojabohne wirkt, höre auf. So wirst du schließlich in der Nacht einen Mann in dreißig Metern Entfernung erkennen können.

24

Die Eidechse erklimmt die Wand

Diese Übung, die sich auf Yin und Yang stützt, wird auch „Hängendes Bild“ genannt. Man kann so lernen, mit dem Rücken wie an einer Wand zu kleben und sich mithilfe der auf die Ellbogen gerichteten Kraft in jede Richtung an der Wand zu bewegen wie eine Eidechse oder ein Skorpion. Dies gelingt aber nur zwei oder drei von hundert Schülern. Am besten übt man an einer Wand, die nicht zu glatt ist, zum Beispiel an einer aus Ziegelsteinen. Drücke Ellbogen und Unterarme an, atme tief über den Bauch ein, ziehe die Brust so weit wie möglich ein und beginne allmählich mit der Bewegung. Einfacher wird es, wenn man sich zuvor mit Sand und Schweineblut einreibt.

Legende 2: Mit harter Hand

Zur Zeit der Ming-Dynastie lebte der Mönch Yuan Cheng. Wann immer er konnte, übte er Schläge mit der offenen Hand, tausende und abertausende Mal. Als er vierzig Jahre alt war und in den Bergen wanderte, traf er auf einen Tiger. Allein mit seiner Handfläche schleuderte er diesen weit weg.

Ma Xi Gong, ein Schüler des Mönchs Chun Mi, stieß seine Finger täglich gegen Steine, Mauern, Bäume, den Boden. Nachdem er einmal ein Pferd verkauft hatte, lauerten ihm Räuber auf. Ohne ein Wort zu sagen, hob er einen Stein auf und zerstieß ihn mit einem Finger. Die Räuber gerieten so in Angst, dass sie die Flucht ergriffen. Dies erreicht man nur durch Ausdauer und Beharrlichkeit.

25

Die Kunst der Peitsche

Hierbei wird auf einer harten Unterlage Druck auf die Unterarme ausgeübt, zum Beispiel, indem man sich auf eine befestigte Querstange stützt und die Beine vom Boden abhebt. Auch hierbei sollte man die Arme mit Tinkturen pflegen. Beim Üben auf einer Bambusstange wird diese zunächst etwa drei Zentimeter durchhängen. Ziel ist, es bis auf etwa 20 cm zu schaffen; dann wird eine weitere Stange an die erste gebunden usw. Schließlich kann man mit Steinen üben, die im Lauf der Zeit Dellen aufweisen oder zerbröckeln sollten.

26

Federnde Finger

Diese Übung wird auch „Drei Finger des Yin“ genannt und soll die Außenseiten der Fingerspitzen stärken. Dabei werden vier Finger schnippend verwendet, ähnlich dem Spielen der chinesischen Gitarre (Pipa), so als würden die Finger über deren Saiten laufen.

Zur Vorbereitung ist folgende Mischung äußerlich anzuwenden: Je 5 kg Essig und Salz werden in einem Kessel eine Stunde lang erhitzt. Dann entfernt man die Ablagerungen aus der Mischung, fügt 5 kg Sand aus einem See hinzu, gibt alles in einen Steinmörser, zerstößt es in kleine Partikel und füllt das erhaltene Pulver in einen Sack aus dickem Stoff. Den Sack lege man auf eine stabile Holzbank, glätte ihn und warte, bis er trocken und hart wird und sich in ein festes Stück verwandelt. Danach kann er verwendet werden.

Lege vier Finger im Bereich der Nägel eng aneinander und mache mit ihnen abwechselnd federnde kraftvolle Bewegungen. Beginne mit dem Zeigefinger, dann folgen der Mittelfinger, der Ringfinger, der kleine Finger, wieder der kleine Finger, der Ringfinger, der Mittelfinger und der Zeigefinger. Führe die Übung in dieser Weise fort. Schlage einhundertacht Mal pro Tag mit den Fingerspitzen auf den Sack. Nach dreijährigem Training wirst du in der Lage sein, Ergebnisse zu erzielen. Wenn du dem Feind einen Schlag mit einem „Schnipsen“ versetzt, ist die Wirkung anders als beim „Diamantfinger“ oder anderen Techniken, mit denen die Brust oder der Magen durchbohrt werden können, aber sie reicht aus, um den Feind zu überwältigen. Diese Technik kann so eingesetzt werden, dass sie zum unvermeidlichen Tod des Feindes führt und keine Medizin ihn retten kann. Nach dem Schlag sind äußerlich keine Spuren zu sehen, aber innerlich wird eine schwere

Verletzung zugefügt. Diese Methode gehört wie alle anderen Arten von Yin-Hand-Methoden zu den so genannten Methoden des „wölfischen Giftes". Sie darf nicht arglos an jedermann weitergegeben werden.

Wer so trainiert, ist leicht zu erkennen. Die Nägel seiner vier Finger, die die Übung machen, sind von schwarzer Farbe, und durch diese Schwärze der Nägel unterscheidet er sich von gewöhnlichen Menschen. Gleichzeitig ist die Farbe seines Daumennagels, der bei der Übung nicht benutzt wird, wie der eines gewöhnlichen Menschen. Wenn du einem Feind begegnest, kannst du seine Technik anhand der obigen Hinweise erkennen und auf der Hut sein. Wenn du die Yin-Hand nicht beherrschst, solltest du dich höflich verbeugen und gehen, sonst könntest du ernsthaft verwundet werden.

Obwohl diese Fähigkeit zur harten Kraft des Yang gehört, ist das Werkzeug des Chi die Weichheit des Yin; wenn diese beiden Prinzipien miteinander verbunden sind, wird das Können hervorragend sein.

27

Wie ein Pfeiler stehen und einen Pfeiler schlagen

Für diese Übung wird ein dicker Bambusstamm in die Erde gesteckt und mit einer dicken Hanfschnur umwickelt. Dann übt man daran die verschiedensten Schläge und Tritte sowie Kopfstöße usw., wie beim „Schlagen auf den Papierblock“. Dabei stelle man sich Körperteile eines Gegners als Trefferfläche vor. Besonders in den nördlichen Provinzen wird so geübt.

28

Pflaumenblüten-Pfähle

Diese Übung bildet eine Grundlage für das Erlernen der Fertigkeit „Auf die Mauer werfen und die Wand hochklettern". Die Übung wird auf Pfählen ausgeführt, wodurch die Leichtigkeit des Körpers, die Beweglichkeit und die Geschicklichkeit und die Exaktheit der Sprünge trainiert werden. Es gibt noch andere Namen dafür: „Pfähle der Sieben Sterne" und „Pfähle der Neun Sterne". Die Übung schult auch die Sehkraft.

In der ersten Phase der Übung ist es nicht erforderlich, auf Pfähle zu klettern. Stattdessen malt man Pflaumenblüten mit Kalk auf den Boden, wobei das Muster der Blütenblattanordnung genau dem Muster der späteren Pfahlanordnung entsprechen muss. Der Abstand zwischen den Pfählen bzw. Blüten sollte ca. einen Meter betragen. Jede „Blüte" besteht aus fünf kleinen Kreisen, die wie die Blütenblätter der Blume angeordnet sind. Benachbarte Blütenblätter haben den gleichen Abstand von etwa 30 cm, der Durchmesser beträgt etwa 10 cm im Kreis und sollte nicht zu groß sein. Ein „Blütenblatt" innerhalb jeder Blüte sollte als „falsch" markiert sein, die anderen sind mit Symbolen oder Figuren gekennzeichnet.

Man stellt sich auf ein „Blütenblatt" innerhalb einer der „Blüten", setzt einen Fuß, lenkt die Kraft in die Fußspitze und nimmt auf einem Bein in der Position eines Wächters Stellung. Ab hier kann man die Reihenfolge und die Richtung des Vorwärtsspringens selbst wählen, z. B. nach links drei, nach rechts vier, vorwärts zwei, rückwärts fünf und so weiter. Man hüpft nach einem gewählten Verfahren. Das linke und das rechte Bein bewegen sich nach Belieben, stoßen sich ab und landen auf dem Fuß, der für sie bequemer ist. Noch besser wäre es, wenn jemand, der danebensteht, per Stimme Befehle gibt und du dich entsprechend den Kommandos bewegst. Der Mann, der die Kommandos gibt, ruft zum Beispiel laut: „Blüte (Pfahl) zwei, Blatt eins!“. Dann sollst du sofort nach rechts springen und das erste „Blatt“ der zweiten „Blüte“ erreichen. Die einzige Bedingung ist, dass du nicht auf eine falsche Blüte oder ein falsches Blatt trittst. Wenn du auf ein Blatt trittst, sollte sich die Fußspitze genau in der Mitte des Kreises befinden, ohne sich zu einer Seite zu drehen.

Wenn du gelernt hast, dich auf den Blüten am Boden gleichmäßig und leicht zu bewegen, kannst du allmählich zum Training mit echten Pfählen übergehen. Das ist viel schwieriger: Wenn man den Oberkörper auch nur ein bisschen zur Seite verlagert, kann das Standbein das Gleichgewicht nicht halten und man fällt. Deshalb ist es notwendig, der ersten Phase große Aufmerksamkeit zu schenken. Wenn du gerade mit dem Training auf Pfählen angefangen hast, wirst du nicht willentlich die rechte Position einhalten können. Darum musst du dich zu Beginn auf vier echten Pfählen bewegen, dann mit acht Pfählen fortfahren usw.

Wenn du die Übung auf diese Weise allmählich komplizierter machst, kannst du viele Unzulänglichkeiten beseitigen und die Schwierigkeiten der Anfangsphase überwinden. Denke daran: Du darfst erst dann mit dem Training auf den Pfählen beginnen, wenn du dich leicht und frei auf dem Boden bewegen kannst. Wenn du nicht in der Lage bist, dich auf dem Boden zu bewegen, wie könntest du da auf den Pfählen stehen?

Die Pfähle sind aus hartem Holz zu fertigen, ihre Länge sollte gut einen Meter betragen. Die Oberseite der Pfähle ist flach und der untere Teil mit einem Durchmesser von ca. 7 cm schmaler. Grabe die Pfähle an den Stellen ein, an denen die Blütenblätter der Pflaumenblüten aufgemalt wurden, und zwar mit der schmaleren Seite nach unten, so dass sie bis zu einer Höhe von 50 cm aus dem Boden ragen. Die Oberseite der Pfähle, das Stumpfende, muss glatt und eben sein. Vergiss aber nicht, einen „falschen“ Pfahl stehen zu lassen, der nur bis zu 7 cm in den Boden gerammt werden darf. Ist die Erde weich und locker, kann der Pfahl kippen, wenn man nicht fest darauf steht. Der Schüler muss die Pfähle markieren, um Verwechslungen zu vermeiden, und nach der Wahl der Bewegungsfolge die Übung nach dem oben beschriebenen Verfahren ausführen. Es ist notwendig, die Fähigkeit zu erlangen, sich frei und sicher auf den Pfählen zu bewegen und dies schnell und leicht zu tun. Danach kann die Höhe der Pfähle angehoben werden, aber alle müssen jeweils die gleiche Höhe haben. Dann können Barrieren aus Stacheldraht und anderen scharfen und schneidenden Gegenständen um die Stangen herum angebracht werden, und die Stangenhöhe kann auf etwa 1 m oder mehr erhöht werden. Um das Training zu verschärfen, kann man Kupferringe am Bein tragen.

29

Die Kunst des steinernen Vorhängeschlosses

Diese Methode dient dem Abhärten der Arme und dem Heben schwerer Dinge. Sie steht der Methode „Eiserner Sack“ in nichts nach. Der Umriss des Übungsgerätes ähnelt einem kupfernen Vorhängeschloss, das einen U-förmigen Metallbogen an einem Zylinder hat, aber kein Loch für einen Schlüssel (es sieht aus wie ein Stein oder eine Kugel mit einem Griff daran). Man benötigt solch einen Stein von 10 kg Gewicht. Das Gewicht wird später bis auf 35 kg erhöht. Nimm den Stein in die Hand und führe ihn mit gebeugtem Arm zunächst auf Brusthöhe, dann bis zur Schulterhöhe (Unterarm und Schulter liegen horizontal gegenüber, der Arm hängt praktisch in der Luft). Die Faust mit dem Stein zeigt dabei nach oben. Drehe die Hüfte und mache weitere Bewegungen. Wirf nach einiger Übung dann den Stein mit Kraft empor, so dass er rotiert, und fange ihn am Griff wieder auf. Erhöhe langsam die Anzahl der Rotationen des Steins in der Luft. Wechsle die Hände. Als Fortgeschrittener wirf den Stein auf Kopfhöhe und fange ihn dann mit dem Rücken deiner anderen ausgestreckten Faust auf, als würdest du ihn in der Mitte spalten wollen, während du mit der Wurfhand von oben auf den Griff drückst.

Verschärfe die Übung, indem du hinter dem Rücken den Stein mit einer Hand zur anderen Schulter nach vorn wirfst und auf deren Höhe fängst.

30

Der Eiserne Arm

Hierbei wird mit der Außen- und Rückseite der Arme auf Pfosten geschlagen. Erhöhe die Anzahl der Schläge und gehe dann auf Bäume über, die raue Rinden haben. Dein Arm wird dabei so stark wie ein Hack-Werkzeug. Das Gleiche gilt für das Training mit Steinen, gehe von glatten zu rauen Oberflächen über und stelle dir vor, wie du den Stein tief innen triffst oder hindurchschlägst, so wirst du ihn spalten.

31

Die Patronenfaust

Dies ist eine Methode des „Tödlichen Arms“. Die Finger inklusive des Daumens werden eingeknickt (ähnlich der Leopardenfaust), dann wird mit den Knöcheln zugeschlagen, wobei der Ellbogen gebeugt ist, der Arm also nicht gestreckt. Trainiere zunächst vorsichtig an einem Holzbrett, später an Steinen und Stahlplatten.

Auch diese Technik wende verantwortungsvoll an, denn sie kann großen Schaden anrichten. Verhalte dich nie roh oder arrogant.

32

Weiche Knochen

Man nennt diese Art des weichen *Gongfu* auch „Hüftdrehen und Beinbeugen“. Sie erhöht die Flexibilität der Gelenke und die Beweglichkeit und Geschmeidigkeit des Körpers. Zunächst trainiert man die Beine so, dass das Standbein angespannt und das andere über den Kopf nach hinten geschleudert wird; übe dies wechselseitig mit hundert Tritten pro Bein. Nach einem halben Jahr kann man die „Bank zum Himmel“ üben: Das Standbein ist gestreckt, das andere wird mit der Fußsohle nach oben bis in Ohrnähe senkrecht angehoben. Dies ähnelt dem Spagat, den man sitzend entweder seitlich oder längs (ein Bein vorn, eines hinten) ausübt.

Für das Training der Taille gibt es „Die Katze streckt sich aus dem Schlaf“ bzw. „Der Himmlische beugt sich“. Stehe gerade, verschränke die Finger über dem Kopf und beuge den Oberkörper, bis die Handflächen den Boden berühren. Kopf, Schultern, Rücken, Beine sind vertikal ausgerichtet. Diese Haltung sollte zwanzig Minuten beibehalten werden. Danach richte dich auf, mache eine Pause und beuge dann die Taille nach hinten wie zu einer Brücke und richte dich wieder auf. Neige den Oberkörper auch aus der Taille nach rechts und links und mache ihn mit der Zeit weich wie Watte. Um die Wirkung zu verstärken, kannst du heißen Wasserdampf auf deine Taille bringen.

33

Der Frosch

Dies wird auch „Heben eines Steinblocks“ genannt und ist eine schlichte Übung. Beim Heben soll die Kraft zunächst im Handgelenk konzentriert werden, später in den Armen, indem man die Fäuste ballt und wieder löst, deren Rückseite nach unten dreht und die Kraft im Bereich des Hinterkopfes und Nackens konzentriert. Danach wird sie in den Schultern konzentriert und dann in den Brustmuskeln. Es folgen Bauch, Taille, Beine.

34

Durchdringen des Vorhangs

Diese Übung gehört zur „Geschicklichkeit des leichten Körpers“ und soll horizontale Sprünge wie bei einem Schwalbenflug ermöglichen. Zunächst springt man aus etwa sechs Metern mit ausgestreckten Armen horizontal in ein Netz, unter dem sich Sand befindet. Dann übt man mit Anlauf weitere Sprünge in der Horizontalen und bringt schließlich Rahmen in Flughöhe an, durch die man springt. Dies erinnert an Akrobatik und kann zehn Jahre langes Üben erfordern.

35

Die Kraft der Adlerkrallen

Die Übung heißt auch „Die Geschicklichkeit der Drachenkrallen“: Nimm einen Krug mit 5 kg Gewicht mit den Fingern an dessen Hals auf und hebe ihn an. Gib jede Woche eine Tasse Getreide dazu, später Eisenkugeln. Spreize jeden Morgen deine Finger auseinander, strecke die Arme zur Sonne und mache greifende und ziehende Bewegungen, wobei du die Arme willentlich mit Chi füllst und so die Kraft in den Armen konzentrierst. Bei Perfektion kann so ein Vogel im Flug durch eine Greifbewegung getötet werden. Auch kannst du mit einer solchen Bewegung ein Pferd aus einigen Metern Entfernung dazu bringen, dir zu folgen, als hättest du seine Zügel in der Hand. Einst hatte jemand diese Übung so vervollkommnet, dass ein Vogel sich auf seine Hand setzte, aber nicht wegfliegen konnte, selbst wenn er mit den Flügeln schlug. Wenn du die Ausbildung aber auf halbem Wege unterbrichst, können deine Finger sich irreversibel verkrümmen.

36

Eiserner Stier

Zunächst dient auch diese Übung, die der des „Stoffbeutels“ ähnelt, der Körperkraft, doch dringt man tiefer in sie ein, lehrt sie einen, wann man sprechen und wann man schweigen sollte. Konzentriere das Chi im Bauch und führe mit den Fingern darauf kreisende Bewegungen aus, anfangs noch sanft, später mit der Handfläche kräftiger. Nutze deine freie Zeit dafür. Es folgen Schläge mit der Hand auf den Bauch, dann mit dem Holz- und dem Eisenhammer. Ein dumpfer Ton wird zu hören sein, als schlüge man an einen Baum; dieser Ton wird sich im Lauf der Zeit metallischer anhören. Lerne dann, mit einer knapp 100 kg schweren Steinplatte auf dem Bauch zu schlafen.

Legende 3: Zhilong erschafft buddhistische Medizin

Während der Xingding-Periode (1217-1222) der Jin-Dynastie leitete Meister Zhilong den Shaolin-Tempel. Er nahm jedes Jahr einen Teil des Geldes, das von den Zahlungen an den Tempel übrigblieb, um die Armen zu unterstützen.

An einem Tag im fünften Xingding-Jahr, als es bewölkt war und Schnee wirbelte, machten sich Meister Zhilong und der Klostervorsteher Xingfa auf den Weg, um herauszufinden, wie es um das einfache Volk bestellt war, und um den Menschen durch Wohltätigkeit zu helfen. Sie kamen in den Westen des Dorfes Guodian und trafen dort Ren En, einen weithin bekannten, pflichtbewussten Sohn. Mit trauriger Miene und Tränen in den Augen erzählte er Meister Zhilong von seiner Mutter, die zu Hause schwer erkrankt war und kein Geld für eine Behandlung hatte. Meister Zhilong gab Ren En sofort zweihundert Kupfermünzen, damit seine Mutter bald einen Arzt aufsuchen konnte. Ren En nahm das Geld und ging durch einen Schneesturm nach Dengfeng. Der dortige Arzt sagte, er könne wegen der großen Entfernung und der hohen Berge keinen Hausbesuch machen. So starb Ren Ens Mutter, ohne rechtzeitig behandelt worden zu sein. Als Ren En später Meister Zhilong besuchte, dankte er ihm und wollte Mönch im Shaolin-Tempel werden. Meister Zhilong stimmte Ren Ens Bitte zu und nahm ihn als Schüler mit dem Dharma-Namen Sengxia auf.

Dieser Vorfall spornte Meister Zhilong an. Er wusste, dass der Tempel abgelegen lag und nur wenige ausgebildete Ärzte und wenig Medizin besaß. Auch wenn mehr Geld zur Verfügung gestellt wurde, konnte es die Menschen nicht immer retten. Dann schlug Muan Xingying Meister Zhilong in einem zwanglosen Gespräch vor, eine Apotheke einzurichten, um den Menschen zu helfen. Meister Zhilong nahm den Vorschlag an, stieß jedoch auf den Widerstand des Obermönches Xingfa. Die Einrichtung der Apotheke im Tempel musste zurückgestellt werden.

Wie es der Zufall wollte, brach sich Sengde, ein Schüler von Mönch Xingfa, bei seinen Kampfsportübungen die Knochen. Es gab keine Apotheke in der Nähe des Tempels. Außerdem war der Berg durch starken Schneefall unzugänglich, und Sengde konnte nicht rechtzeitig behandelt werden, was ihm eine Behinderung einbrachte. Meister Zhilong erklärte allen Mönchen des Tempels, wie wichtig die Eröffnung einer Apotheke sei und dass Medizin und Heilkunde deren beiden Säulen darstellen. Daher ließ er seinen Schüler Sengxia Pharmazie und Xingfas Schüler Sengde Medizin studieren. Dann wurde die Apotheke begründet. Zhilong hatte hartnäckig darauf hingearbeitet, weil er Chan als die Hauptsache betrachtete und Medizin und Pharmazie als ergänzende Faktoren zum Wohle der Menschen.

37

Kunst der Adlerflügel

Hierbei werden die Gelenke gestärkt und Ellbogen-, Faust- und Handstöße kräftiger. Hänge zwei Säcke mit anfangs je fünf Kilo Gewicht im Abstand von etwa sechzig Zentimetern auf Kopfhöhe in ein Gestänge, so dass sie nicht weiter unter deine Schulter reichen als zwanzig Zentimeter. Begib dich dazwischen in Reiterstellung, winkle die Arme so an, dass sie auf Schulterhöhe sind und sich die Fäuste gegenüberliegen, dann hebe das Gewicht der Säcke dreißig bis später hundert Mal auf deinen angewinkelten Armen (so dass sie nicht mehr von der Schnur gehalten werden). Erhöhe das Gewicht der Säcke monatlich um ein Kilo bis zum Ende des ersten Jahres.

Eine Verschärfung besteht darin, beginnend mit 10 kg schweren Säcken die Arme zunächst an den Körper zu drücken und dann wie mit Flügelschlägen aufwärts gegen die Säcke zu pressen, um sie anzuheben. Das Gewicht wird allmählich auf 25 kg gesteigert. Anfangs bewegen sich die Säcke nur ein paar Zentimeter nach oben, später sollen es ca. 60 cm sein. Mit dieser Fähigkeit kann man Gegner zehn Meter weit wegschleudern. Sie nutzt auch der eigenen Lungenfunktion und fällt in die Kategorie „Tödlicher Arm“.

38

Hand der Sonnenstrahlen

Diese Fähigkeit ist auch als „den Ochsen über die Berge hinweg schlagen“ bekannt. Sie zeigt ihren Effekt, ohne dass der andere berührt werden muss, und kann nur schwer abgewehrt werden, da sie zur Yin-Kategorie gehört. Dazu nimm eine Öllampe oder Kerze, die eine Flamme von etwa eineinhalb Zentimetern erzeugt, und stelle sie auf einen Tisch. Begib dich in einem Meter Entfernung in die Reiterstellung, konzentriere dein Chi im unteren Bauch und schlage in Richtung Flamme, bis die Kerze niedergebrannt ist. Sobald sie von deinem Schlag erlischt, vergrößere den Abstand.

39

Die Geschicklichkeit der goldenen Zikade

Diese Übung stärkt die Leiste und macht die Hoden hart wie Steine. Zunächst sitzt man mit verschränkten Beinen, lässt die Gedanken ziehen, öffnet das Herz und konzentriert das Chi im Unterbauch. Dann wird es an der Wirbelsäule entlang bis zum Hirn geleitet und vorn am Körper zurück zum *Dāntián* unterhalb des Nabels. So bildet es einen Kreislauf. Übe das mehrmals am Tag ohne Hektik. Allmählich werden so Penis und Hodensack härter. Dann klopfe im Sitzen mit der Handfläche auf die Hoden. Sobald du dich an die Schmerzen gewöhnt hast, mache im Stehen weiter. Unterlasse während der Phase dieser Übung den Geschlechtsverkehr.

40

Eiserner Sack

Dies ist eine Partnerübung. Man benutzt einen rechteckigen Sack aus mehreren Lagen Stoff, der mit Eisen gefüllt ist und anfangs 5 Kilo wiegt, später 25 Kilo und mehr. Die etwa gleich großen und gleich starken Partner stehen ca. zehn Meter voneinander entfernt und werfen sich den Sack aus Schulterhöhe zu. Dabei soll der Sack aber schon etwas an der linken Schulter vorbeigeflogen sein, ehe man ihn mittig mit der rechten Hand ergreift. Wirf den Sack sofort zurück usw. und wechsle auch die Hand. Nimm anfangs in etwa die Hälfte des Gewichtes, das du bei einem mittig angesetzten Griff tragen könntest. Der Sack soll horizontal fliegen. Strecke nicht die Hände nach ihm aus, das ist verletzungsanfälliger, und ergreife ihn auch nicht an den Rändern, das ist weniger effektiv. Achte auf einen stabilen Stand.

41

Die Methode, die die Wahrheit offenbart

Die Voraussetzung hierfür sind „die achtzehn Purzelbäume“ und die Technik des Fallens sowie des „Purzelbaums über Gewässer hinweg“. Im Einzelnen gibt es z. B. den „Pfeil-Purzelbaum“, den „Rennen-und-Springen-Purzelbaum“, das „Fallen in Bauchlage“ und das „Fallen auf den Rücken“. Für den Purzelbaum über die rechte Schulter bewege den rechten Arm nach links, beuge die rechte Schulter und den Kopf gen Boden und hebe die Hüfte etwas an. Übe solche Salti in alle Richtungen.

Auch das Rückwärtsfallen will geübt sein. Die rechte Schulter bewegt sich etwas vor, der Körper dreht etwas nach links und der linke Arm berührt den Boden beim Aufprall. Aus dieser Position kannst du mit dem „Rad, das auf flachem Untergrund rollt“, kommen, indem du eine Hand auf dem Boden abstützt, den Körper kopfüber in eine senkrechte Position bringst und einen Purzelbaum schlägst, nach dem du wieder aufrecht stehst. Der „Karpfensalto“ ist wie ein Rückwärtspurzelbaum. Die „Technik der eisernen Brücke“ wird auch „Bäuchlings fallen“ genannt, hierbei fällt man mit durchgestreckten Beinen nach vorn auf gebeugte Unterarme und Fäuste, presst sich dann damit vom Boden ab und kommt wieder zum Stehen.

42

Schildkrötenrücken

Diese Übung ähnelt der des „Eisernen Magens“, dient aber dem Rücken, wobei es schwieriger ist, dessen unteren Teil zu kräftigen, da er weich ist. Beginne damit, die Hüfte mit den Handflächen zu massieren. So wie bei der morgendlichen und abendlichen Meditation konzentrierst du so dein Chi. Erinnere dich daran, dass bewusstes Leiten von Chi nur dann hilft, wenn du eine gedankliche Anstrengung machst, und lerne daher, den ganzen Körper unwillkürlich mit Chi anzufüllen. Reibe den Rücken sechsunddreißig Mal nach innen, dann sechsunddreißig Mal nach außen. Presse dann mit den Fingerknöcheln von Zeige- und Mittelfinger im Kreis auf die weichen Teile des Rückens. Beide Hände sollten sich simultan bewegen und 36 Kreisbewegungen mit Druck vollziehen. Wiederhole diesen Zyklus noch zwei Mal. Dies wird den Rücken und die Nieren kräftigen. Danach schlage mit einem Stock auf den gesamten Rücken und steigere allmählich die Härte des Holzes und deine Schläge, bis du einen Eisenhammer benutzen kannst. Eine andere Übung sieht vor, ein Seil um Brust und Schultern zu spannen und auf einem geneigten Brett auf dem Rücken herumzurutschen, um so den Rücken zu stärken.

43

Geschickte Sprünge

Diese Übung zählt zu den inneren Künsten. Man bereitet zunächst Blei so vor, dass ihm das Gift entzogen wird. Dazu wird es erhitzt und in ein Gefäß mit Schweineblut getaucht; dieses Prozedere wird sieben Mal wiederholt, bis das Blei eine dunkel-violette Farbe annimmt und als tot gilt. Dann vergräbt man es 49 Tage lang in der Erde. Nun kann man es in Taschen tun, die man um Unterarme und Waden wickelt und die unterschiedliches Gewicht haben. Damit rennt man die Berge hinauf. Nach einem Jahr kann man auf einem großen Fass und auf Steinsäulen rennen.

Eine andere Übung besteht darin, aufrecht zu stehen und mit ungebeugten Beinen und Rücken hochzuspringen, bis man eine Höhe von ca. dreißig Zentimetern erreicht. Nimmt man später die Taschen ab, erreicht man Höhen über sechs Meter. Dann übt man auch den Sprung aus Gruben, man beginnt bei ca. 1,5 Metern und steigert sich auf über sechs Meter, wobei man hier vor dem Sprung in die Hocke geht, dann die Arme vor und hoch streckt und am Ende wieder senkt. Die so erworbene Technik ist lautlos und kann besonders nachts von Nutzen sein.

44

Der leichte Körper

Mithilfe dieser Technik können sogar schwerere Menschen sich auf einem Ast ausruhen wie eine Biene oder ein Schmetterling, oder wie eine Schwalbe dahingleiten. Hierbei rennt man auf dem Rand eines Fasses, das mit Wasser gefüllt ist, wie zuvor beschrieben. Jeden Monat wird etwas Wasser abgeschöpft und die Bleitaschen auf dem Rücken des Übenden werden von ursprünglich 0,5 kg bis auf 2,5 kg beschwert, bis das Fass leer ist. Sobald man auf dem Fass balancieren kann, ohne es umzuwerfen, kann man auf einen mit Eisenstücken gefüllten Korb umsteigen.

Die nächste Stufe sieht vor, einen etwa dreißig Zentimeter breiten Streifen Sand auszulegen und mit dünnem Papier zu bedecken. Sobald man darauf laufen kann, ohne dass Spuren im Sand zu sehen sind, nimmt man das Papier weg und läuft direkt auf dem Sand. Dabei soll stets auch eine Bleitasche auf dem Rücken getragen werden. Schließlich wird man nicht einmal auf frisch gefallenem Schnee Spuren hinterlassen.

45

Eiserne Knie

Dies ist eine harte Übung, die dem Einsatz der Knie im Kampf dient. Sitze mit gekreuzten Beinen, balle die Fäuste und schlage zweiundsiebzig Mal auf die Kniescheiben, dann reibe sie mit den Handflächen sechsunddreißig Mal kräftig von außen nach innen, dann sechsunddreißig Mal von innen nach außen. Schlage wieder auf die Kniescheiben, vollziehe insgesamt neun Zyklen dieser Übung. Umwickle dann einen flachen Holzhammer mit Schilfgras oder Weidezweigen und schlage damit zu. Wechsle schließlich erneut zu einem Eisenhammer von ca. einem halben Kilo Gewicht.

46

Sprungtechnik

Dies wird auch die „Kunst des Überspringens“ genannt und gehört zum „Leichten Körper“. Es geht darum, nicht erst Anlauf nehmen zu müssen, um Hindernisse zu überwinden. Zunächst binde Sandsäcke mit geringem Gewicht an deinen Körper und grabe ein ca. 30 cm tiefes Loch, in dem zwei Menschen Platz hätten. Springe dann heraus. Vertiefe die Grube alle 14 Tage um gut 3 cm und erhöhe die Gewichte um 50 Gramm. Versuche allmählich eine Grubentiefe von gut 3 Metern und ein Zusatzgewicht von gut 3 Kilo zu meistern. Dann löse die Gewichte und vertiefe die Grube auf gut 6 Meter, bis du leicht herausspringen kannst. Dies mag fünf Jahre dauern, doch lass dich nicht entmutigen und es dir von niemandem ausreden.

47

Die Hand des Schwarzen Tigers

Diese Fähigkeit wird auch „Hand des schwarzen Sandes“ genannt. Hierzu stellen wir ein besonderes Kissen für unser Schlagtraining her. Dazu werden 2,5 Liter Alkohol mit 5 Litern eines fiebersenkenden Mittels aus Urin[10] und 5 Litern Essig gemischt und mehrfach zwei Stunden lang immer wieder aufgekocht und abgekühlt, bis eine dicke Suppe dabei herauskommt. Dann werden Eisenspäne dazugegeben und umgerührt, bis eine noch zähere Masse entsteht. Diese verbringt man in eine Tasche und legt diese auf eine Holzbank. Fortan schlägt man bei jeder Gelegenheit, mal schwächer, mal stärker, mal schneller, mal langsamer darauf ein und verabreicht äußerliche wie nach innen gerichtete Treffer. Aufgrund der Schwellungen, die entstehen, soll eine wirksame Heiltinktur[11] auf die Hände aufgetragen werden. Nach wiederholten Hautrissen und Schwellungen entwickelt man die „Gifthand“ oder „Hand des Stahlsandes“. Sie wird auch „Eiserne Hand des fliegenden Sandes“ genannt. Diese Technik wurde besonders zur Verteidigung des Landes gelehrt, nicht für persönliche Interessen.

48

Bodhidharma überquert den Fluss

Andere Namen dieser Übung sind: „Einen Seidenfaden ziehen", „Flug über den Fluss", „Laufen auf einem Seil", „Ein Gewässer auf einer Wasserlinse überwinden" und „Ohne Spuren zu hinterlassen auf Schnee gehen". Sie gehört zur Kategorie „Leichter Körper" und entwickelt die innere Kraft. Zunächst werden wieder Bleigewichte, die zuvor mit Schweineblut behandelt wurden, um die Beine gebunden, und man rennt und springt damit herum. Danach wird das Laufen auf dem Rand eines Korbes, der mit Steinen gefüllt ist, geübt. Allmählich werden die Steine herausgenommen. Später wird wie besprochen auf Papier trainiert, das auf Sand aufliegt. Die Gewichte beginnen bei 200 Gramm und werden auf 2,5 kg gesteigert. Die Fußgelenke sollen regelmäßig mit einer Kochlösung aus einem gleichmäßigen Anteil von Salz und Chinesischem Bocksdorn gepflegt werden.

Fixiere dann einen langen, dünnen Stock in etwa einem Meter Höhe und übe, darauf zu gehen, bis er sich nicht mehr durchbiegt. Ersetze ihn mit einem dicken Seil, das du an den Enden sicher befestigst. Gehe so lange darauf, bis es sich nicht mehr bewegt. Dann nimm dünnere Seile, bis sie weniger als einen Finger Durchmesser haben. Schließlich wird solch ein dünnes Seil über einen Fluss gespannt und es gilt, diesen zu überqueren. Es wird mehr als zehn Jahre dauern, dies zu beherrschen.

Die Zehn Gebote eines Shaolin

1. Kein Töten (bù shāshēng 不杀生)

2. Kein Stehlen (bù tōudào 不偷盗)

3. Kein sexuelles Fehlverhalten (bù xiéyín 不邪淫)

[Gebote des Körpers]

4. Kein Lügen (bù wàngyǔ 不妄语)

5. Kein Tratschen (bù liǎng shé 不两舌)

6. Kein schlechtes Mundwerk (bù èkǒu 不恶口)

7. Keine koketten Reden (bù qǐyǔ 不绮语)

[Gebote der Rede]

8. Keine Gier (bù tān 不贪)

9. Kein Hass (bù chēn 不嗔)

10. Keine Verblendung (bù chī 不痴)

[Gebote des Geistes]

49

Yin einziehen

Hierbei sollen die Hoden in den Körper eingezogen werden, um sie vor Schaden zu bewahren. Zunächst verbringst du Chi in den Unterleib und lässt es dann im Körper auf und ab zirkulieren. Nach einiger Zeit lässt sich so der Hodensack wie ein Ball vergrößern. Wenn du das Chi hochziehst, werden die Hoden folgen und nur der Sack außen zurückbleiben. Steigt das Chi wieder herab, kann sich sogar der Hodensack selbst verfestigen und zusätzlichen Schutz bieten.

50

Reiben und Stoßen

Diese Übung wird auch für die Wirkung auf Akupunktur-Punkte und auf Knochen verwendet. Stelle dich bei Morgengrauen auf, die Füße zusammen, den Mund geschlossen. Reibe zwanzig Mal deine Handflächen aneinander. Lege zunächst die rechte Handfläche übers Herz, die linke auf die Wirbelsäule, und reibe dann vierzig bis fünfzig Mal im Kreis. Wechsle die Hände und wiederhole dies. Atme nur durch die Nase und stelle dir vor, wie sich deine Brust mit Chi füllt. Nach einiger Zeit wird sich das Chi wie eine konzentrierte Perle oder ein kleiner Ball in deiner Brust anfühlen. Warte, bis es sich ganz in deiner Brust ausdehnt. Sobald es den Rand der Brust erreicht, verdickt es sich und breitet sich langsam über die Arme bis in die Fingerspitzen aus. Stoße diese dann abwechselnd in einen etwa 50 x 50 cm großen und 30 cm tiefen Kasten, der mit Bohnen gefüllt ist. Steigere die Anzahl der Stöße, bis du so lange üben kannst, wie ein Weihrauchstäbchen abbrennt. Ersetze die Bohnen durch Reiskörner und steigere dich wieder allmählich. Danach verwende Sand und schließlich Eisenstücke auf die gleiche Weise. Pflege stets deine Hände.

51

Steinsäule

Nimm zehn Mal pro Tag die Reiterstellung auf zwei Säulen stehend ein, die etwa 70 cm hoch sind und so weit auseinanderstehen, wie es die Reiterstellung erfordert. Dabei wird dein Gewicht nur auf etwa einem Drittel deiner Fußsohlen ruhen, so dass sich dein Stand nur langsam stabilisiert. Stelle dir vor, wie dein Chi nach unten fließt, dann kannst du Steinplatten mit 10 kg Gewicht auf deine Oberschenkel legen. Alle drei Monate füge 5 kg hinzu. Sobald du eine halbe Stunde so verharren kannst, ohne zu schwitzen oder müde zu werden, wirst du auf festem Boden wie einer sein, der Wurzeln geschlagen hat und nicht aus dem Gleichgewicht zu bringen ist.

52

Ein Schmetterling zwischen Blumen

Hierbei geht es um geschicktes Ducken und Ausweichen. Grundlage ist die Übung der „Weichen Knochen“, die Beine, Hüften usw. beweglich macht. Wichtig ist auch, mit den Augen Entfernungen richtig einzuschätzen. Wirf zum Beispiel einen schnellen Blick auf die Ziegel oder Dachziegel von einem entfernten Haus, um ihre Anzahl abzuschätzen, und kontrolliere dann, wie genau du warst. Übe dies mit beweglichen Objekten wie Enten in einem Teich, gehe zu kleineren Tieren wie Spatzen und dann Insekten wie Libellen und Ameisen über.

Nachdem du auf Pfeilern trainiert hast, ordne Bambus- und Holzstöcke unterschiedlicher Dicke und Höhe zufällig an, die nicht mehr als 30 cm voneinander entfernt sein sollten. Übe dann, dich in deren Dickicht schnell zu bewegen, ohne sie zu berühren. Du kannst die Übung verschärfen, indem du Kalk auf dem Boden ausstreust, den du nicht betreten darfst. Bewege dich „wie ein Schmetterling zwischen Blumen, wie eine Schlange im Gras“. Später bringe scharfe Objekte wie Messer an den Stöcken an und lege scharfkantiges Metall am Boden aus. Auch diese Übung verlangt mindestens zehn Jahre bis zur Meisterschaft.

53

Gongfu-Flug

Ein anderer Name für diese Übung ist „Fähigkeit des Nachtwanderns". Auch hierfür bringe Gewichte an deinen Beinen an, beginne leicht, füge alle paar Tage 50 Gramm hinzu, bis es 2,5 kg sind, und renne damit auf ebenem Grund umher. Später trainiere auch nachts und auf steinigem Untergrund. Wenn du die Taschen abnimmst, wird sich dein Körper besonders leicht anfühlen.

54

Hand der fünf Gifte

Man nenn sie auch die „Hand der fünf Donner“ oder „Yin-Hand“, obwohl sie sogar die äußere Kraft trainiert. Am Vorabend des Grabreinigungsfestes (*Qingming*, Anfang April) hebe eine Lage mit 10 kg Lehm aus, die von leicht gelblicher Farbe sein sollte, gib sie in einen Tonkrug und lasse sie trocknen. Während des Drachenbootfestes (am 5. Tag des 5. Monats im Mondkalender) gib eine rote Schlange, eine Echse, eine Spinne, eine Kröte und einen Skolopender hinzu; dies nennt man die „Fünf Gifte“. Zerstampfe sie mit dem Lehm und mit 5 kg Eisenspänen, 5 Liter Essig, 2,5 Liter Alkohol und 1 kg Bronzespänen. Stelle die so erhaltene Masse auf eine Bank und schlage jeden Morgen und Abend auf sie ein. Pflege deine Arme auch hier mit einer entsprechenden Tinktur. Trainiere vor allem deinen weniger aktiven Arm, denn du könntest, so gestärkt, einem anderen unabsichtlich Verletzungen mit dem aktiveren Arm zufügen.

55

Kunst des Wassertrennens

Diese Übung gründet auf der „Handfläche, die Wasser trennt". Die Handflächen sind Hilfsmittel, die Kraft konzentriert sich in den Armen. Errichte eine Wand aus Bambusrohren, die lückenlos dicht beieinanderstehen. Stoße dann mit den Handflächen dazwischen und drücke sie mit den Armen zur Seite, so dass eine Lücke entsteht. Erhöhe die Breite der Wand und deren Druck. Übe später an einer Sand- und an einer Lehmwand. Wenn du dann deine Hände hebst, ist es, als würdest du Berge bewegen oder als würde ein Tsunami entstehen.

56

Fliege zum First und laufe auf der Mauer

Dies wird auch „Acht horizontale Schritte“ genannt. Befestige Gewichte wie oben beschrieben an Armen und Beinen. Stelle dich zehn Schritte vor einer Wand auf und renne auf sie zu, so dass du horizontal auf sie trittst, erst mit einem und unmittelbar danach mit dem anderen Fuß. Zunächst wirst du nur zwei oder drei Schritte auf diese Weise machen können, ehe du herunterfällst. Fange dich mit dem bodennahen Bein ab, so dass du möglichst zum Stehen kommst. Nach einem Jahr wirst du vier oder fünf Schritte machen können, nach einem weiteren Jahr dank deiner Initialkraft gut fünf Meter in der Horizontalen laufen können. Wenn du auf eine Mauer gelangen willst, wedle im oberen Teil, wo diese Kraft nachlässt, mit dem tiefer befindlichen Arm kräftig nach unten.

57

Kunst des Saltos

Sie wird auch „Kunst der Lederstreifen" genannt. Übe erst das Hochziehen und windmühlenartige Rotieren an einer Stange, dann an Lederstreifen, die nachgeben. Bringe in etwa 10 Meter Höhe eine Metallstange mit etwa sechs Metern Breite an und befestige daran Metallringe in etwa 60 cm Abstand. Daran hänge lange Lederstreifen. Halte sie in den Händen, während du auf dem Boden stehst, und ziehe dich dann abwechselnd mit den Händen hoch, ehe du auf die gleiche Weise wieder nach unten kommst. Trainiere auch horizontal und das Rotieren. Beginne schnell und werde allmählich langsamer. Als Fortgeschrittener lass die Streifen los und fasse sofort nach, so dass du quasi springst. In der Horizontalen lasse dabei ein paar Streifen aus. Ersetze sie dann durch Seidenstreifen oder etwas, das nicht dicker als Essstäbchen ist.

58

Zypressenpfeiler

Hierbei wird die Trittkraft verbessert. Grabe einen Pfeiler in die Erde, von dem mehr als die Hälfte herausragt, und trete dann mit beiden Beinen abwechselnd dagegen, wobei du dir Vitalpunkte eines Gegners als Trefferflächen vorstellst. Chi unterstützt die Kraft, und wenn du es im Stand anwendest, können dich drei Männer nicht bewegen. Ersetze später den Pfeiler durch einen eiförmigen, schweren Stein.

59

Der Ellbogen des Despoten[12]

Hierbei wird der Ellbogen für aufwärts und seitlich gerichtete Schläge trainiert. Lege dich auf den Rücken, beuge die Arme, so dass die Unterarme senkrecht stehen und die Fäuste nach oben zeigen. Strecke die Beine aus und setze die Fersen fest auf. Stütze nun die Ellbogen kräftig auf und hebe dich hoch, so dass nur diese und die Fersen am Boden verbleiben. Wiederhole diese Übung oft und atme dabei regelmäßig. Tagsüber schlage immer wieder mit den Ellbogen gegen harte Gegenstände. Lege dich dann auf die Seiten, nur mit Ellbogen und Ferse abgestützt. Später übe dies auf rauem, steinigem Grund oder stelle selbst welchen her, indem du Steine mit Lehm mischst und darauf übst.

60

Eine Blume zwirbeln

Zu Beginn presse Zeige- und Mittelfinger auf den Daumen und mache langsame Kreisbewegungen nach außen, dann nach innen. Nutze dafür deine freie Zeit. Nimm später drei große Sojabohnen zwischen die Fingerspitzen und versuche, ohne kraftvoll zuzudrücken, sie so zu drehen, dass sie nicht herunterfallen. Später wirst du sie zwischen den Fingerspitzen zerdrücken und kannst sie durch Steine ersetzen, dann durch Granit.

Die Zehn Tugenden eines Shaolin

1. Respekt gegenüber Meistern,
sich selbst und allen Wesen (sǒng 竦)

2. Demut (qiānbēi 谦卑)

3. Rechtschaffenheit (yì 义)

4. Vertrauen in Meister und sich (fú 孚)

5. Loyalität (zhōng 忠)

[Tugenden des Charakters]

6. Willenskraft (yìzhì 意志)

7. Ausdauer (nàilì 耐力)

8. Beharrlichkeit (héngxìng 恒性)

9. Geduld, Selbstbeherrschung (nàixīn 耐心)

10. Tapferkeit (yǒng 勇)

[Tugenden des Geistes]

61

Den Berg mit der Handfläche verschieben

Hierbei wird die Handfläche so trainiert, dass sie sowohl aus einer statischen Position Kraft explodieren lassen kann wie auch aus der Mitte der Handfläche heraus. Damit kann die Kraft eines Gegners gegen ihn gewendet werden. Platziere einen etwa 40 kg schweren Stein auf einem Tisch, gehe in Reiterstellung ca. 50 cm entfernt und drücke mit den Handflächen gegen den Stein. Während dein Oberkörper sich nach vorn neigt, setzte die Kraft von Armen, Handgelenken und Handflächen ein. Wenn du den Stein nicht bewegen kannst, stelle dir vor, dass es geschieht. Mit der Zeit wirst du explosive Kraft in das Drücken legen können. Übe auch nur mit einer Hand und erhöhe allmählich das Gewicht des Steines. In einer Variante lege die Hände auf den Stein und konzentriere dich darauf, mit der Unterseite der Handflächen den Stein zu bewegen, wobei die Kraft sich den ganzen Arm entlang bis zu den Handgelenken fortpflanzt. Übe auch mit horizontalen Händen, die Handkanten zeigen nach oben.

62

Pferdesattel

Diese Übung führt zu einer eisernen Faust. Beginne mit einem etwa 0,5 kg schweren Stein in der Form eines Pferdesattels und schlage täglich mit ausgestrecktem Arm senkrecht darauf, bis er so tief in der Erde versinkt, dass er sich nicht mehr bewegen lässt. Versuche dann, durch Schläge den Stein wieder herausspringen zu lassen.

63

Das Umrunden des Universums

Diese Übung wird auch „Nephrit-Gürtel“ genannt. Umarme einen Baum so, dass du die Hände ineinander verschränken kannst. Presse auch deine Knie an den Baum und versuche nun, ihn quasi auszureißen. Irgendwann wird es dir gelingen. Dann übe mit schweren Steinen. Trage sie im Stand und im Gehen, indem du sie zwischen deine Arme presst.

64

Die Yin-Faust

Sie wird auch „Brunnenfaust“ oder „Yin-Hand“ genannt. Schlage hundert Mal aus dem Reiterstand in die Mitte eines Brunnens. Nach etwa ein bis zwei Jahren wirst du leise das Wasser am Brunnengrund plätschern hören. Diese Geräusche werden allmählich lauter. Wenn du sie in einem Meter Abstand vom Brunnen noch hören kannst, wirst du in der Lage sein, einen Menschen zu treffen, der drei Meter von dir entfernt ist. Du kannst diese Kraft des Chi auch gegenüber einer Wand üben.

65

Sandsäcke

Bringe an vier Gestängen ca. 3 kg schwere Sandsäcke auf Schulterhöhe im Kreis an, stelle dich in die Mitte und schlage zunächst im Reiterstand einzeln darauf, so dass sie weggeschleudert werden. Wenn sie zurückkommen, schlage noch fester zu. Dann schlage mit beiden Fäusten gleichzeitig auf zwei Säcke. Schließlich schlage auch in schneller Folge auf die anderen Säcke. Hernach schlage erst mit den Fäusten und beim Zurückkehren der Säcke mit den Ellbogen zu. Übe auch mit Schultern und Kopf zu treffen. Schließlich übe in Bewegung und setze andere Körperteile wie Beine, Knie usw. ein.

66

Steine durchstoßen

Strecke hierzu Zeige- und Mittelfinger aus, beuge Ring- und kleinen Finger zurück und berühre mit dem Daumen den Ringfinger. Stelle aus weicher Erde und klebriger Flüssigkeit eine Masse her, die du in Stoff einwickelst. Male Kreise darauf und steche mit den beiden Fingern zu. Wenn du diese Masse durchstoßen kannst, ersetze sie durch Steine.

67

Einen Berg herausziehen

Hierbei lernt man, die „leere Kraft“ des Handgelenks anzuwenden, um Dinge herauszuziehen und zu halten. Grabe einen 3 Meter langen Holzpfeiler etwa zur Hälfte ein und befestige ihn mit Lehm, Sand und kleinen Steinen, so dass er sich nicht bewegt. Ziehe dann täglich mit dem Griff aus Daumen, Zeige- und Mittelfinger daran. Allmählich wirst du ihn bewegen und herausziehen können. Schüttle den Pfeiler nicht seitwärts. Gehe dann zu einem Eisenpfeiler über. Diese Methode ähnelt der „Adlerklaue“.

68

Die Scheren der Gottesanbeterin

Diese Übung wird auch „Diamanthand" genannt, sie stärkt die Handkante und das Handgelenk. Dabei wird die Kraft des Unterarms nach unten geleitet. Häufe zehn Ziegel auf, lege Papier von etwa 10 cm Höhe darauf, strecke deinen Unterarm vor, presse die Oberarme gegen die Rippen und konzentriere alle Kraft im Handgelenk. Aus 10 cm Abstand zum Papier schlage mit der Handkante nach unten. Zu Beginn des Schlags zeigen die Finger nach oben, der kleine Finger nach vorn, dann erfolgt ein Axt-ähnlicher Schlag nach unten. Wechsle die Arme. Allmählich erhöhe die Papierstapel, während du Ziegel entfernst, bis das Papier gut 60 cm hoch ist und nur noch ein Ziegel darunter liegt. Die weiche Kraft geht durchs Papier und wird zur harten Kraft.

Nun trainiere mit der „Lebenskraft". Stecke einen Ziegel senkrecht in den Boden. Stabilisiere ihn seitlich mit zwei schräg daran gestellten Ziegeln und schlage horizontal auf den senkrechten Ziegel, um ein Stück abzutrennen, ohne dass er umfällt. Wenn dies gelinkt, entferne die Stützen. Wähle einen dickeren Ziegel und dann Steine.

69

Die Tasche

Hierbei wird der Bauch trainiert. Konzentriere Chi in der Hüfte, reibe den Bauch sechsunddreißig Mal mit beiden Händen in eine Richtung, erst mit der linken, dann mit der rechten, und genauso oft in die andere Richtung. Lege einen Baumstamm auf ein Gerüst und deinen Bauch an ein Ende. Versuche nun, den Baumstamm mit deinem Bauch heranzuziehen. Wenn dies gelingt und man den Baumstamm nicht mehr von dir wegbewegen kann, sammle dein Chi und stoße ihn damit fort. Meisterst du dies, wird die Faust eines Gegners quasi in deinem Bauch stecken bleiben und er sie nicht zurückziehen können.

70

Hand der Guanyin

Sie wird als „Schwert zum Auslöschen böser Geister“ bezeichnet. Auch hierbei werden Hand und Handgelenk für den Nahkampf und Axt-ähnliche Bewegungen trainiert. Zunächst schlage mit der Handkante an einen Baum, bis sich darin eine Delle zeigt. Dann übe mit einem Stein. Sobald du ihn spalten kannst, lege Eisenschrot etwa 30 cm hoch in eine große Pfanne und schlage darauf. Zunächst wird das Eisen in seine alte Position zurückfallen, doch später wird es aus der Pfanne fliegen, so dass nichts mehr darin verbleibt. Ist deine Hand wie ein Messer geworden, kannst du den Schrot sogar in gleich große Haufen teilen.

71

Einen Topf anheben

Dabei werden die Schultern und der Griff der Hände geschult. Verknote die Griffe eines Topfes und befestige daran ein längeres Seil, mit dessen anderem Ende du einen Holzstock zum Greifen verknotest. Fülle den Topf mit Eisenschrot bis auf 5 kg Gesamtgewicht. Nimm den Reiterstand ein und drehe nun den Stock zu dir hin, um den Topf bis auf Brusthöhe anzuheben, ähnlich einem Seilzug. Nach einer kurzen Pause lasse den Topf wieder langsam herab. Wiederhole dies dreißig Mal. Nach zwei Wochen erhöhe das Gewicht um 0,5 kg usw. bis auf 15 kg. Du kannst auch die Schnur verlängern und dich auf eine Erhöhung begeben.

72

Hand des Goldenen Drachen

Nimm 30 Essstäbchen aus Bambus und binde sie an mehreren Stellen mit Fäden ganz eng zusammen. Rolle das Bündel kräftig zwischen den Handflächen. Wenn sich nach etwa zwei Jahren Brüche in den äußeren Stäbchen zeigen, wechsle zu Metallstäbchen. Diese werden sich im Lauf der Zeit verdünnen und deutlich verlängern.

Das Shaolin-Koan

Yunkong Changzhong 蘊空尝忠/蘊空常忠 (1514-1588), 67. Chan-Patriarch, begegnet Shaolin-Meister Xiaoshan (Zongjing) Zongshu 小山宗书 (1500-1567)[13]

Yunkong wollte den Ehrwürdigen Shu, auch Xiaoshan genannt, im Shaolin-Kloster besuchen. Als er dort ankam, trat Xiaoshan zufällig hinaus. Yunkong hatte ihn aber noch nie zuvor gesehen und erkannte ihn nicht. Er fragte: „Wo ist die Steinwand, der Bodhidharma gegenübersaß?“ [14] Xiaoshan sagte, in eine Richtung deutend: „Dort drüben an diesem dunklen und düsteren Ort.“ Yunkong fragte: „Warum zeigst du auf den Osten und sprichst über den Westen?“ Xiaoshan erwiderte: „Falsche Chan-Meditierende sind so zahlreich wie Sesam und Hirse.“ Yunkong sagte: „He, du! Imitierst du einen Dämon und versuchst, die Leute hier zu verwirren?“ Daraufhin schlug ihn Xiaoshan. Verblüfft ging Yunkong zunächst drei Jahre lang in sich. Später kehrte er nach Yu zurück und lebte in Abgeschiedenheit auf dem Berg Conggu. Jeden Tag saß er nur in Meditation. Er baute eine Hütte, versteckte sich zwanzig Jahre lang in Bingshan und hatte keinen Kontakt mit der Welt.

Im Jahr 1588 sagte Yunkong plötzlich zu einer Mönchsversammlung: „Es gibt etwas, das ich beenden muss. Ihr alle müsst es wissen.“ Er hob die Faust und fragte: „Habt ihr verstanden?“ Die Versammlung blieb still. Dann klopfte er auf den Tisch und sagte: „Hong! Hong! Ich habe es für euch beendet.“ Danach trat er in die endgültige Stille ein. Sein Stupa wurde am Fuße des Berges errichtet. Er war fünfundsiebzig Jahre alt geworden.

Aus: „Das Leben der Patriarchen“ (虛雲老和尚編輯), verfasst von Meister Xuyun (虛云, 1840-1959).

Anhang

Wushu, Gongfu und Wugong

Die Kampfkünste sind vielleicht der häufigste Weg, über den Menschen mit der Shaolin-Kultur (Shàolín Wénhuà 少林文化) in Kontakt kommen. Wer nicht nach einer spirituellen Praxis sucht, kann durch die authentischen Shaolin-Kampfkünste an diese herangeführt werden und so sein Leben günstig verändern. Gelingt dies nicht, wird Shaolin von einem buddhistischen Kloster (sìyuàn 寺院) zu einer bloßen Kampfkunstschule (wǔxiào 武校) reduziert. Die Kampfkünste, die von der Mönchsgemeinschaft (sēngtuán 僧团) praktiziert werden, sind jedoch Teil des spirituellen Systems des Chan-Buddhismus (Chánfó 禅佛).

Es gibt viele chinesische Begriffe, die für die Kampfkünste im Allgemeinen verwendet werden, auch für die der Shaolin. Dazu gehören *Wushu* (wǔshù 武术), *Gongfu* (gōngfu 功夫), *Wugong* (wǔgōng 武功).

Wushu

Wushu ist ein heute sehr gebräuchlicher Begriff, die Schriftzeichen bedeuten wörtlich übersetzt „Kampfkunst“. Früher bezeichnete er alle militärischen Aktivitäten (jūnshì huódòng 军事活动), z. B. Reitkunst, Schwertkampf, Bogenschießen.

Schauen wir das Schriftzeichen *wǔ* (武) an, um es besser zu verstehen. Das Zeichen oben links ist *yī* (一), was die Zahl eins bezeichnet. Unten links ist *zhǐ* (止), was aufhören bedeutet. Rechts daneben steht *gē* (戈), Speer. Im Altertum bezog sich das Zeichen *zhǐ* (止) auf die Füße. So bedeutete *zhǐ* (止) zusammen mit *gē* (戈), was sich auf ein langstieliges Gerät bezog: mit einer Waffe gehen. Dies ist die alte Bedeutung des Zeichens *wǔ* (武), kriegerisch.

Im modernen Chinesisch bedeutet *zhǐ* (止) jedoch aufhalten, und wenn wir das Zeichen *wǔ* (武) auf diese Weise betrachten, erhalten wir den Sinn: Schutz oder Verteidigung durch das Aufhalten des ankommenden Speers. 一 + 止 + 戈 = 武 Eins + Stopp + Speer = Verteidigung. Wenn man das Zeichen *shù* (术) hinzufügt, das wörtlich Kunst bedeutet, erhält man eine kombinierte Bedeutung von: die Kunst, mit der man den Speer aufhält – eine defensive Kunst mit Schutzfunktion.

Gongfu

Gongfu ist der im Westen bei weitem am häufigsten verwendete Begriff für die chinesischen Kampfkünste. Er wird oft einfach mit „harte Arbeit" übersetzt und kann sich im Chinesischen auf jede Art von Fähigkeit beziehen, die durch Disziplin erworben wurde. Ein Pianist zum Beispiel kann ein sehr gutes *Gongfu* haben.

Das erste Zeichen *gōng* (功) besteht aus zwei separaten Zeichen. Auf der linken Seite befindet sich das Zeichen 工, das ebenfalls als *gōng* ausgesprochen wird. Die Bedeutung ist Arbeit. Auf der rechten Seite steht *lì* (力), was für Macht, Kraft oder Stärke steht.

Zusammengesetzt ergeben sie das Zeichen gōng (功) mit der Bedeutung von Leistung, Errungenschaft, Verdienst, Fähigkeit oder Ergebnis.

Das zweite Schriftzeichen ist *fū* (夫), das Mann, Herr bedeutet oder einen militärdiensttauglichen männlichen Erwachsenen bezeichnet. Dieses Zeichen vermittelt uns die Vorstellung von Zeit, denn ein Mensch wird erst dann zum Mann, wenn er die Stadien der Kindheit und Jugend bis zum Erwachsenenalter durchlaufen hat. Genauso kann man nur durch harte Arbeit im Laufe der Zeit ein Meister werden. Wie ein chinesisches Sprichwort sagt: „Ein Meter Eis bildet sich nicht an einem einzigen Tag“ (bīng dòng sān chǐ, fēi yī rì zhī hán 冰冻三尺非一日之寒).

Wugong

Heute werden die Begriffe *Wushu* und *Gongfu* häufig für alle Kampfkünste verwendet, die aus China stammen. Im Westen ist *Wushu* auch zu einem Begriff für die moderne Performance-Kunst geworden, die von der Volksrepublik China aus den traditionellen Kampfkünsten herausgelöst und im sportlichen Wettbewerb wegen ihrer Schönheit eingesetzt wird. *Gongfu* wurde im Englischen *(kung fu)* verwendet, um auf die traditionelleren Trainingsmethoden der chinesischen Kampfkünste hinzuweisen.

Im Chinesischen können sich *Wushu* und *Gongfu* sowohl auf moderne als auch auf traditionelle Kampfkünste beziehen und sind leicht austauschbar. Um die buddhistischen Inhalte zu betonen, wurde ein anderer Begriff verwendet: *Wugong* (wǔgōng 武功). *Wǔ* (武) hat in diesem Fall die Bedeutung von Krieger (wǔshì 武士), was bei den Shaolin eher mit dem Geist (jīngshén 精神) als mit dem physischen Kampf (zhàndòu 战斗) verbunden wird. *Wugong* sind also Fähigkeiten eines Kriegers. Der Geist eines Kriegers (d. h. Entschlossenheit, Ausdauer, Überwindung von Schwierigkeiten usw.) wird durch das Üben dieser kriegerischen Fähigkeiten bei den Shaolin entwickelt.

Ursprünglich stand der Begriff *Gongfu* buddhistisch für verdienstvolle Taten, das tägliche Pensum eines Mönchs (sēng gōngfu 僧功夫). *Gongfu* umfasst zum einen die Erforschung des Chan (z. B. Studium und Meditation) (Chánjiū 禅究) und zum anderen kriegerische Fertigkeiten (武功). Wenn wir von Shaolin *Wugong* sprechen, beziehen wir uns also auf alle Kampfkünste der Shaolin und ihr Gleichgewicht, den Chan-Buddhismus; ebenso, wenn wir von Shaolin *Gongfu* sprechen.

Meister Shi De Yang (Shì Déyáng 释德扬) beschreibt die Beziehung zwischen Chan und *Wu*, indem er sie mit der Herstellung von Essig durch den Gärungsprozess von Alkohol illustriert. Während Chan der Alkohol ist, ist *Wugong* der resultierende Essig.

Wenn der Chan-Geist (Chánxīn 禅心) erweckt ist, wird die eigene *Wugong*-Praxis zu einer Manifestation des ausgeglichenen Zustands von Gleichmut und Leere, in den der Übende als seinen ursprünglichen Zustand zurückkehrt und aus dem er im Grunde nie herausgefallen war.

Um die authentische Praxis der Kampfkünste innerhalb des spirituellen Systems des Shaolin-Klosters als eine Methode zur Kultivierung des Chan (xiū chán 修禅) richtig zu kennzeichnen, verwendet man den Begriff *Wugong* oder *Wugong Chan* (武功禅) – das Chan des *Wugong*. Das heißt, es ist mehr als eine reine Kampfkunst, es ist Handlungsmeditation (dòngchán 动禅). Dies wird auch deutlich gemacht, indem man den praktizierten Stil „Chan-Boxen“ (Chánquán 禅拳) nennt. „*Wugong* ist ein Medium des Chan“ (Wǔgōng shì Chán de yīzhǒng zàitǐ 武功是禅的一种载体), sagt man im Shaolin-Tempel.

Der Ursprung der Wuseng (Kriegermönche)

Kriegermönche nutzen *Wugong*, um die Shaolin-Tradition (Shàolín Xiāngchuán 少林相传) zu verbreiten. Sie sind die Mönchsklasse, die am häufigsten von Besuchern des Tempels und von Menschen auf der ganzen Welt, die als Schüler an ihren Kursen teilnehmen, gesehen wird. Die Tradition der Shaolin-Kriegermönche war nicht immer Teil des Tempels. Sie wurde erst vor kurzem wiederbelebt. Die Ursprünge von Shaolin *Wuseng* sind jedoch viel älter.

Die Vorläufer der *Wuseng* waren die Mönchsoldaten (sēngbīng 僧兵). Der Ursprung dieser *Sengbing* wird gewöhnlich in der Tang-Dynastie (Tángcháo 唐朝, 618-907) mit dem zweiten Kaiser Li Shimin (Lǐ Shìmín 李世民) gesehen.

Die Geschichte erzählt kurz gesagt von einem Machtkampf zwischen Wang Shichong (Wáng Shìchōng 王世充), einem Rebellen der gefallenen Sui-Dynastie (Suícháo 隋朝, 581-617) und Gegner der frühen Tang-Dynastie, und den Gründern der neugeborenen Tang-Dynastie.

Wang Shichong, der in der Nähe von Luoyang (Luòyáng 洛阳) stationiert war, hatte den ersten Tang-Kaiser gestürzt und seinen eigenen Staat gegründet, der die Kontrolle über die Region Henan (Hénán 河南), einschließlich des Gebiets um das Shaolin-Kloster (Shàolínsì 少林寺), übernommen hatte.

Im Jahr 621 führte er eine Schlacht gegen den Tang-Fürsten Li Yuanji (Lǐ Yuánjí 李元吉) und hatte ihn knapp besiegt. Doch in diesem kritischen Moment tauchte der Obermönch Zhi Cao (Zhì Cāo 志操), einer von dreizehn mit Stöcken bewaffneten Shaolin-Mönchen, von einem Bergpass aus hinter Wang Shichongs Truppen auf. Zhi Cao führte einen Überraschungsangriff an, der die aufständischen Truppen in Verwirrung stürzte, und der Neffe von General Wang, Wang Renze (Wáng Rénzé 王仁则), wurde gefangen genommen und ins Lager der Tang geschickt. Wang Shichong ergab sich schließlich selbst.

Im Inneren des Shaolin-Klosters befindet sich eine Steintafel (shíbēi 石碑), die vom zweiten Tang-Kaiser Li Shimin persönlich beschriftet wurde und die Shaolin-Mönche für ihre Hilfe bei der Unterwerfung der Rebellen und den anschließenden Beginn der glorreichsten Dynastie in der Geschichte Chinas ehrt.

Als Dank für die Dienste der Mönche schenkte Li Shimin dem Tempel ein Stück Land und erteilte ihnen offiziell die Erlaubnis, eine Einheit bewaffneter Soldaten auszubilden, die den Tempel schützen und der Dynastie dienen sollten, wenn sie gerufen wurden. Die Mönche dieser neuen Einheit wurden also *Sengbing* (Mönchssoldaten) genannt. Der Kaiser erlaubte ihnen, weniger Gelübde abzulegen, die sie nicht an die klösterlichen Regeln der voll ordinierten Mönche banden. Dies war der Beginn einer Tradition und einer neuen Klasse von Mönchen, die es nur im Shaolin-Kloster gab.

In seiner „Abhandlung über die zwei Eingänge und vier Praktiken" (Èrrùsìxínglùn 二入四行论) lehrt Bodhidharma einen umfassenden Ansatz zur Chan-Praxis. Erstens, den Pfad durch richtige Unterweisung zu betreten; zweitens durch korrekte Praxis. Die korrekte Praxis besteht aus vier Arten:

1. Die Praxis des Zurückzahlens von Geschuldetem und des Ertragens von Härten (bàoyuàn xíng 报怨行)
2. Die Praxis der Anpassung an Bedingungen (suíyuán xíng 随缘行)
3. Die Praxis, nichts zu suchen (wúsuǒqiú xíng 无所求行)
4. Die Praxis der Harmonisierung mit der Wirklichkeit (Weisheit) (chènfǎ xíng 称法行)

Die Praktizierenden und Lehrer des Shaolin *Wugong* haben diesen Lehren große Bedeutung und Wertschätzung beigemessen. Traditionelle Shaolin-Meister stellen sicher, dass die höchsten Standards der Kriegerethik (wǔdé 武德) bei ihren Schülern entwickelt werden, bevor sie ihnen Kampfwissen vermittelten. Ein Shaolin-Praktizierender muss in der Lage sein, Härte zu ertragen, ohne dass sein Ego bei irgendeiner Art von Begegnung eine Rolle spielt.

Der Älteste des Shaolin-Klosters, der Ehrwürdige Shi Su Xi (Shì Sùxǐ 释素喜, 1924-2006), erklärte in Bezug auf das Studium des Shaolin *Wugong* und die Bedeutung von *Wude* gegenüber Schülern und Lehrern ganz nüchtern: „Die Praxis der Kriegerethik steht an erster Stelle" (xí wǔdé wéi xiān 习武德为先).

Shaolin Qinna (Shàolín Qínná 少林擒拿)

Qinna ist die Bezeichnung für verschiedene defensive Gelenkverriegelungs- und Manipulationstechniken, die in fast allen Stilen der chinesischen Kampfkünste zu finden sind. Es ist ein sehr wichtiger Bestandteil des traditionellen Shaolin *Wugong.*

Der Name selbst bedeutet fangen (擒 qín) und festhalten (拿 ná). Es ist eine Technik, mit der ein Angreifer ausgeschaltet werden kann, ohne dass er bleibende körperliche Schäden davonträgt oder übermäßige Schmerzen erleidet. Die Intensität und Dauer des Schmerzes, den ein Angreifer empfindet, wird vom *Qinna*-Experten vollständig kontrolliert, was es zu einer perfekten Verteidigungstechnik für einen buddhistischen Mönch macht.

Fast jede Bewegungsabfolge (tàolù 套路) im Shaolin *Wugong* enthält drei verschiedene Anwendungen (yòngfǎ 用法).

- Schlagen (dǎ 打)
- Werfen (shuāi 摔)
- Greifen und Kontrollieren (qínná 擒拿)

Jede Bewegung kann als möglicher Schlag, potenzielle Niederwerfung oder Gelenkblockierung interpretiert werden, defensiv sein oder Angriff und Verteidigung kombinieren.

Fünf Qinna-Prinzipien (wǔ qínná yuánzé 五擒拿原则)

1. Trennung von Muskeln und Sehnen (fēn jīn 分筋)

Es gibt zwei Aspekte des *fen jin*. Der erste ist das Greifen (zhuājǐn 抓紧). *Zhuajin* wird angewandt, indem die Finger die Muskeln und Sehnen des Gegners einklemmen und trennen, was starke Schmerzen verursacht. Shaolin-Nachahmungsstile wie das Tiger-Boxen (Hǔquán 虎拳) oder das Adlerkrallen-Boxen (Yīngzhǎoquán 鹰爪拳) machen häufig Gebrauch von *Zhuajin*-Techniken. Um effektiv zu sein, müssen die Finger sehr stark werden. Die Stärkung der Finger und des Griffs erfolgt durch verschiedene Übungen, von Liegestützen auf den Fingerspitzen bis hin zum Heben von Gewichten, wie z. B. schweren, mit Sand gefüllten Krügen, bei denen die Fingerspitzen zum Greifen des Randes verwendet werden. Der zweite Aspekt des *fen jin* ist das „Drücken der Hohlräume" (nà xué 捺穴), also das Angreifen der Druckpunkte.

2. Knochenverschiebung (niǔ gǔ 扭骨)

Niu gu sind Techniken, die, wenn sie mit voller Kraft angewendet werden, entweder einen Knochen ausrenken oder brechen oder ein Gelenk und die Muskeln und Sehnen, die den Knochen umgeben, beschädigen können. Bei minimaler Kraftanwendung kann ein Gegner zu Boden gebracht und ohne weiteren Schaden überwältigt werden.

3. Atemstillstand (bì qì 闭气)

Bi qi bedeutet wörtlich, die Luft oder den vitalen Atem zu versiegeln. Das offensichtliche Mittel ist das Schlagen, Zusammendrücken oder Verschließen der Kehle. Der Atemrhythmus kann auch durch Schläge auf den Solarplexus, die Achselhöhle oder den Brustkorb unterbrochen werden, wodurch sich die Muskeln verkrampfen und die Lunge verengt. Die Folge ist ein vorübergehender Atemstillstand, der in der Regel jeden weiteren Angriff des Gegners stoppt und die Möglichkeit zur eigenen Flucht eröffnet.

4. Venen- und Arterienpressen (diǎn mài 点脉)

Dian mai ist ein sehr gefährlicher Bestandteil von *Qinna. Dian mai*-Techniken werden eingesetzt, um die Blutzirkulation zu blockieren. Sie können die motorischen Funktionen stören, Bewusstlosigkeit verursachen oder sogar tödlich sein. Aus diesem Grund werden diese Techniken nicht offen gelehrt. Ein Schüler, der *Dian mai* erlernt, muss von hoher Moral sein. In den richtigen Kombinationen kann *Dian mai* zur Behandlung oder Heilung von Krankheiten und zur Schmerzlinderung eingesetzt werden.

5. Hohlraumdrücken (diǎn xué 点穴)

Die Hohlräume sind auch als Druckpunkte oder Chi-Kanäle (气) im Körper bekannt. Angriffe auf diese Punkte können tödlich sein, da von dort die gesamte Körper- und Geistesfunktion, die Blutzirkulation, die Aufrechterhaltung der Organe und die erregbaren Biosysteme wie die Herz- und Nervenbiophysik gesteuert werden. Sie sind die Durchgänge, durch die die Lebensenergie fließt. Wenn sie blockiert sind, kann ein Energie-Ungleichgewicht im Körper entstehen, das zu Krankheit, Hirnschäden oder zum Tod führt. *Dian xue* ist die höchste Stufe von *Qinna*. Sie erfordert weniger körperliche Kraft als andere

Übungen, aber ein tiefes Wissen über die Chi-Meridiane und die Energieübertragung.

Meister des Qinna

Der oben erwähnte Shaolin-Älteste Shi Su Xi beherrschte alle fünf *Qinna*-Prinzipien. Der Ehrwürdige Su Xi übte täglich, seine Finger zu stärken, indem er drei Säcke füllte – einen mit Getreide, einen mit Sand und einen mit Metallkügelchen –, sie auf eine Bank legte und mit Zeige- und Mittelfinger auf sie schlug oder seine Finger mit Gewalt in die Füllungen steckte. Auf diese Weise trainierte er, bis seine Finger rot und geschwollen waren. Unter der Anleitung seines Meisters Shi Zhen Xu (Shì Zhēnxù 释贞绪, 1893-1955), studierte und beherrschte der Ehrwürdige Su Xi bereits 1943 die Kunst des *dian xue*. Der Ehrwürdige Zhen Xu baute eine Holzpuppe, auf die er sehr detaillierte Karten der Chi-Meridiane und Druckpunkte zeichnete: 36 tödliche Punkte, 18 Verkrüppelungspunkte und 64 Punkte für die Gesundheitspflege, also insgesamt 118. Der Ehrwürdige Su Xi übte eifrig und erfasste alle 118 Punkte gründlich innerhalb eines Jahres.

Fazit

Qinna ist eine sehr spezielle Fertigkeit des Shaolin *Wugong*. Sie sollte nur als Verteidigungstechnik eingesetzt werden, und nur mit so viel Druck, wie nötig ist, um die Kampfkraft des Angreifers zu unterbrechen. Das wahre Können liegt in der Fähigkeit, einen Angreifer zu neutralisieren, ohne ihm bleibende körperliche Schäden oder übermäßige Schmerzen zuzufügen. Im besten Fall kann *Qinna* als Heilmethode eingesetzt werden, um Muskel-, Sehnen- und Gelenkschmerzen eines Patienten zu lindern.

Die Bedeutung von Amituofo

Amituofo (āmítuófó 阿弥陀佛) ist ein gebräuchlicher Ausdruck bei den Shaolin und in allen chinesischen buddhistischen Traditionen, insbesondere in der Schule des Reinen Landes (jìngtǔzōng 净土宗) und der Chan-Schule (chánzōng 禅宗). *Amituofo* wird am häufigsten als Gruß (zhìjìng 致敬) unter den Shaolin-Praktizierenden – Mönchen und Laien gleichermaßen – verwendet. Zur Begrüßung und Verabschiedung legt man die Handflächen vor der Brust zusammen und rezitiert mit einer leichten Verbeugung voreinander das *Amituofo*. Diese Begrüßung wird oft mit einer einhändigen Verbeugung verbunden, bei der nur die rechte Handfläche vor der Brust gehalten wird, um an den hingebungsvollen Geist des zweiten Chan-Vorfahren Huike (èrzǔ huìkě 二组慧可) zu erinnern, der angeblich seinen halben linken Arm geopfert hatte, um als Schüler Bodhidharmas angenommen zu werden. *Amituofo* wird auch als Sammelbegriff verwendet, der viele alltägliche Ausdrücke wie Hallo, Auf Wiedersehen, Danke, Fantastisch, Entschuldigung usw. ersetzt. Auf diese Weise werden wir an unsere Praxis erinnert.

Bei der Übertragung des Chan-Buddhismus in China fanden drei wichtige Ereignisse statt. Das erste war Bodhidharmas langjährige Meditation vor einer Wand, das zweite, dass Huike (weltlicher Name: Shenguang) seinen Arm abtrennte, und das dritte, dass Prinzessin Yongtai ihr Zuhause verließ, um eine buddhistische Nonne zu werden.

Das Yongtai-Kloster war das erste kaiserliche buddhistische Nonnenkloster in China nach der Ankunft des Chan-Buddhismus. Es liegt nordwestlich der Stadt Dengfeng (登封) an den westlichen Ausläufern des Taishi-Bergs (Tàishìshān 太室山) gegenüber dem Shaolin-Kloster und wurde erstmals während der Nördlichen Wei-Dynastie (běiwèi 北魏, 386-534) unter dem ursprünglichen Namen Minglian-Kloster (Míngliànsì 明练寺) erbaut.

Die Geschichte des Yongtai-Klosters nennt drei Prinzessinnen. Die erste ist Prinzessin Zhuanyun (Zhuǎnyùn Gōngzhǔ 转运公主), die Tochter des Kaisers der Nördlichen Wei-Dynastie Wencheng (Wénchéng Dì 文成帝, 440-465). Prinzessin Zhuanyun wurde die erste chinesische buddhistische Nonne und baute eine kleine Hütte, in der sie den Dharma praktizieren konnte. Diese kleine Hütte, die später Zhuanyun-Tempel (Zhuǎnyùn Ān 转运庵) genannt wurde, war der Vorläufer des heutigen Klosters Yongtai.

Während der Zeit der Südlichen Dynastien (Náncháo shíqī 南朝时期, 317-589) leistete Kaiser Wu von Liang (Liáng Wǔdì 梁武帝, 464-549) einen großen Beitrag zum Erblühen der buddhistischen Kultur in China und gründete im ganzen Land Klöster. Beeinflusst von ihrem Vater, entwickelte die Tochter von Kaiser Wu, Prinzessin Minglian (Míngliàn Gōngzhǔ 明练公主), ein Interesse am Dharma und folgte dem ersten Chan-Patriarchen Bodhidharma ins Shaolin-Kloster, wo sie eine seiner vier engsten Schüler wurde. Sie erhielt den Dharma-Namen Zongchi (Faming Zǒngchí 法名总持). Da sie jedoch eine Frau war, erschien es unpassend, im selben Kloster mit Männern zu praktizieren. Kaiser Wu errichtete daraufhin für sie ein Nonnenkloster neben der Hütte von Zhuanyun, in dem sie als buddhistische Nonne (nísēng 尼僧) praktizieren konnte. Es wurde daher Minglian-Kloster (Míngliànsì 明练寺) genannt.

Die dritte Prinzessin war die jüngere Schwester des Kaisers der Nördlichen Wei-Dynastie, Xiaoming (Xiàomíng Dì 孝明帝, 510-528), und hieß Yongtai (Yǒngtài Gōngzhǔ 永泰公主). Sie war mit der unverantwortlichen Machtausübung und der Misshandlung durch ihre Mutter, Kaiserinwitwe Hu (Hú Tàihòu 胡太后), äußerst unzufrieden und beschloss, ihre hohe Stellung und ihren großen Reichtum als Prinzessin aufzugeben. Die Prinzessin machte sich auf den Weg zum Minglian-Kloster, wo sie die Tonsur als buddhistische Nonne erhielt und sich auf die Kultivierung des buddhistischen Pfades (xiūfó 修佛) konzentrierte.

Prinzessin Yongtai nutzte ihre kaiserliche Stellung, um die notleidenden Bürger mit Geld und Lebensmitteln zu versorgen, und genoss daher großes Ansehen. Zu dieser Zeit lebten und praktizierten mehr als eintausend Nonnen in diesem Kloster den Buddhismus. Deshalb wird sie auch für die Verbreitung des Dharma in der weiblichen Mönchsgemeinschaft Chinas geliebt und respektiert.

Zum Gedenken an die Verdienste und Tugenden der Prinzessin Yongtai baten die Mönche des Klosters Songyue (Sōngyuèsì 嵩岳寺) auf dem Berg Song während der Tang-Dynastie den Kaiser, ihr ein Denkmal zu setzen und das Minglian-Kloster zu rekonstruieren. Als Widmung an Prinzessin Yongtai wurde der Name des Klosters in Yongtai-Kloster (Yǒngtàisì 永泰寺) geändert.

Nach der Nördlichen Song-Dynastie (Běisòng 北宋, 960-1127) wurden die Menschen von der Cheng-Zhu-Schule der idealistischen neokonfuzianischen Philosophie (Chéng Zhū Lǐxué 程朱理学) beeinflusst. In der Öffentlichkeit setzte sich allmählich die Einstellung durch, dass Männer ehrenhafter seien als Frauen. Selbst unter buddhistischen Mönchen gab es solche sexistischen Ansichten, die Nonnen als „zweitklassige Mönche" (èrsēng 二僧) bezeichneten. Um diese Art von Vorurteilen zu bekämpfen, änderten die Nonnen des Yongtai-Klosters in der Jin-Dynastie (Jīndài 金代, 1115-1234) ihren Namen in Yongchan-Kloster (Yǒngchánsì 永禅寺), um anzuzeigen, dass sie der Chan-Schule (chánzōng 禅宗) angehören; denn diese Schule lehrt, wie man unmittelbar seine Buddha-Natur (fóxìng 佛性) verwirklicht, die jenseits aller Dualitäten von männlich und weiblich ist.

Nach der Yuan- und Ming-Dynastie wurde das Yongchan-Kloster erneut in Yongtai umbenannt. In dieser Zeit begannen die Nonnen des Yongtai-Klosters, das vom Shaolin-Abt der Yuan-Dynastie, dem Ehrwürdigen Fuyu (福裕, 1203-1275), auf der Grundlage seines Gedichts mit siebzig Schriftzeichen eingeführte System der Generationsbezeichnungen zu übernehmen. Das Yongtai-Kloster wurde in der Folge als ein Zweig der Shaolin, d. h. als „Shaolin-Nonnenkloster" bezeichnet, und die Nonnen des Yongtai-Klosters wurden im Pagodenwald des Shaolin-Tempels (Shàolínsì Tǎlín 少林寺塔琳) begraben.

Das Yongtai-Kloster hat seit der Zeit, als Prinzessin Minglian Schülerin von Bodhidharma wurde, bis heute eine sehr lange und tiefe Beziehung zum Shaolin-Kloster. Auch die Tradition des Shaolin *Wugong* wurde von Generationen der Shaolin-Nonnen im Yongtai-Kloster entwickelt und weitergegeben. Es ist bekannt, dass Prinzessin Yongtai selbst die Kampfkünste der Shaolin-Mönche gemeistert hat, was ihr Vermächtnis noch tiefgreifender macht.

Das Yongtai-Kloster wurde ebenso zerstört wie das Shaolin-Kloster. Doch es erhob sich auch wieder aus der Asche. In den 1980er Jahren wurde es wiederaufgebaut und ist heute ein voll funktionsfähiges Nonnenkloster. Es beherbergt die landesweit einzige Shaolin-*Wushu*-Schule nur für Frauen: die Yongtai-Kloster-Frauen-*Wushu*-Schule (Yǒngtàisì Nǚzi Wǔshù Xuéxiào 永泰寺女子武术学校). Sie wurde von der Kommission für Körperkultur und Sport und der Bildungskommission Chinas offiziell genehmigt und eingerichtet. Die Schule besteht ausschließlich aus weiblichen Schülern, die von weiblichen Lehrern unterrichtet werden. Nonnen, Trainerinnen und Schülerinnen sind ins Ausland gereist, um ihre Kultur und ihr Bewusstsein zu verbreiten und das weibliche Engagement für Shaolin *Wugong* und den Chan-Buddhismus zu stärken.

[Die Informationen zu Geboten, Kategorien von Shaolin, *Wushu, Gongfu* und *Wugong*, *Wuseng*, *Wude*, *Qinna*, *Amituofo* und dem Yongtai-Kloster stammen – mit freundlicher Genehmigung – von Le Fujun, dem Betreiber von Shaolin Chan City 少林禅城 https://shaolinchancity.blogspot.com]

Nördliche und südliche Dynastien (420-589)

Die östliche Verbreitung des buddhistischen Dharma hatte in den südlichen und nördlichen Dynastien seit der Han-Dynastie ihren Höhepunkt erreicht. Es gab in der Nördlichen Wei-Dynastie insgesamt 6.478 Tempel und mehr als 77.200 Mönche im Jahr 477 der Taihe-Periode (477-499) während der Herrschaft von Kaiser Xiaowen (471-499) der Nördlichen Chi-Dynastie; mehr als hundert Tempel wurden allein in der Hauptstadt gebaut, darin lebten mehr als zweitausend Mönche.[15] Der Kaiser nahm auch Mönche der Hu-Ethnie auf und baute für sie Tempel, um den Dharma zu verbreiten. Vor diesem historischen Hintergrund wurde der Shaolin-Tempel von der kaiserlichen Familie im Jahr 495 erbaut. In Aufzeichnungen über die Anfänge des Shaolin-Tempels[16] schreibt Pei Cui in der Tang-Dynastie: „Der Shaolin-Tempel wurde von Kaiser Xiaowen in der Nördlichen Wei-Dynastie erbaut. Der buddhistische Mönch Bhadra war ein alter Inder ... Er predigte den einzigen Weg und hatte ein hohes Niveau des Dharma." Im Jahr 495 wurde das kaiserliche Edikt erlassen, dass der buddhistische Mönch Bhadra hier das Amt übernahm, mit Robe ausgestattet und von der Regierung unterstützt wurde. Der Tripitaka-Meister Bodhiruci und andere bedeutende Mönche kamen ebenfalls hierher, um die buddhistischen Schriften zu übersetzen, was zeigt, dass einige namhafte Mönche dem Shaolin-Tempel große Bedeutung beimaßen.

Bhadra war ein bedeutender Meister, der der Chan- und der Vinaya-Schule gleichermaßen Aufmerksamkeit schenkte. Seine beiden bekanntesten Schüler waren Sengchou (480-560) und Huiguang (487-536).

Ein weiterer prominenter Mönch, der aus den westlichen Regionen kam, war Bodhidharma, der von den späteren Generationen als Urvater des Chan-Buddhismus verehrt wird. Er reiste zum Berg Song und in die Gegend der Hauptstadt Luoyang drei Jahre lang (ca. 527) während der Nördlichen Wei-Dynastie und in die Stadt Datong zwei Jahre lang (ca. 536) während der Liang-Dynastie. Dies wird in den Anmerkungen zu den Luoyang-Tempeln von Yang Xianzhi erwähnt.

Die „Biografie hervorragender Mönche" von Shi Daoxuan berichtet über die Aktivitäten von Bodhidharma: Bodhidharma kam erst in das Gebiet der Song-Dynastie und zog später in der Wei-Dynastie nach Norden. Er predigte den Chan-Buddhismus, wo auch immer es ihn hin verschlug. Der fast vierzigjährige Huike traf auf Bodhidharma und verehrte ihn als seinen Lehrer. Bodhidharma lehrte das *Lankavatara Sutra* und sagte: „Ich habe die Han-Region beobachtet, nur dieses Sutra kann von den Wohlwollenden befolgt werden und das weltliche Leben transzendieren."

Bodhidharma und Huike, Meister und Schüler, verließen sich immer auf die Berge und wohnten in Chan-Grotten oder in strohgedeckten Hütten in der Nähe des Shaoshi-Bergs, weil es dort wohl keine Tempel gab. Vielleicht liegen die Damo-Höhle, das Gründer-Nonnenkloster, das Zweite-Meister-Nonnenkloster und andere Gedenkstätten aus historischen Gründen alle außerhalb des Shaolin-Tempels. Bodhidharma starb in Datong und ist auf dem Xionger-Berg begraben, wo der Kongxiang-Tempel errichtet wurde.

Nördliche Zhou-Dynastie (557-581)

Da der wachsende Einfluss der Religion in der Nördlichen Zhou-Dynastie eine ernsthafte Bedrohung für die Interessen der herrschenden Klasse darstellte, ordnete Kaiser Zhou Wu nach vielen Debatten zwischen Buddhismus und Taoismus ein landesweites Verbot der Aktivitäten sowohl des Buddhismus als auch des Taoismus an (574). Der Shaolin-Tempel wurde in den zwei Jahren der Herrschaft von Kaiser Zhou Jing in Zhihu-Tempel umbenannt (580).

Sui- und Tang-Dynastien (581-907)

Die Nördliche Zhou-Dynastie wurde kurz nach der Umbenennung des Shaolin-Tempels von der Sui-Dynastie unter der Regentschaft von Yang Jian abgelöst. Yang Jian war in diesem Tempel aufgewachsen und glaubte an den Buddhismus. Während der Herrschaft von Kaiser Suiwen (581-600) ordnete er an, dass dem Shaolin-Tempel einhundert Hektar Felder beim Dorf Bogu zur Verfügung gestellt wurden. Mit der rasanten Entwicklung des Tempelgartens wurde der Shaolin-Tempel in der späten Sui-Dynastie zum Ziel von Angriffen der Bauernaufstandsarmee. In den Kriegswirren der späten Sui-Dynastie erlitt der Shaolin-Tempel erneut eine komplette Zerstörung, nur eine Pagode aus der Zeit Buddhabhadras blieb erhalten.

Fünf Dynastien (907-960)

Nach den Aktivitäten zur Zerstörung des Buddhismus in der Huichang-Periode sank das Ansehen des Shaolin-Tempels zunehmend und die Mönche zerstreuten sich. Es gab fast keine neuen Bauprojekte und wenig relevante Literatur über kulturelle Relikte und historische Stätten.

Song- und Jin-Dynastien (960-1279)

Die beiden Schüler von Chan-Meister Yiqing, Daokai und Bao'en, brachten den Caodong-Zweig der Chan-Schule in das Songluo-Gebiet. Chan-Meister Bao'en führte den Caodong-Zweig im Jahr 1093 im Shaolin-Tempel fort. Der Shaolin-Tempel hatte auch in der Song- und Jin-Dynastie noch eine gewisse Bedeutung.

In der späten Jin- und der frühen Ming-Dynastie leiteten Meister Wansong Xingxiu [17] sowie seine Schüler Donglin Zhilong, Mu'an Xingying und andere nacheinander den Tempel. Zhilong errichtete eine kostenlose Apotheke im Shaolin-Tempel.

Yuan-Dynastie (1279-1368)

Die herrschende Klasse der Mongolen befürwortete religiöse Vielfalt. Dadurch wurde die Stellung des Shaolin-Tempels, der als Ahnenkloster der Chan-Sekte bekannt ist, deutlich aufgewertet. Der Shaolin-Tempel hatte in der Yuan-Dynastie dreiundzwanzig angegliederte Tempel mit mehr als zweitausend Mönchen, was in der Geschichte beispiellos war.

Ming-Dynastie (1368-1644)

In der frühen Ming-Dynastie führten die Shaolin-Mönche umfangreiche Reparaturarbeiten für die im Krieg in der späten Yuan-Dynastie zerstörten Tempel durch, wie zum Beispiel am Tausend-Buddha-Pavillon, Lixue-Pavillon, an der Halle des Sechsten Patriarchen, der Kinnara-Halle, der Dharma-Halle, dem Glockenturm. Darüber hinaus wurden zahlreiche Pagoden gebaut, deren Zahl auf mehr als hundertvierzig anwuchs.

In der Yuan- und der Ming-Dynastie besuchten japanische Mönche den Shaolin-Tempel, um den Buddhismus zu studieren, und wurden sogar an Verwaltungsaufgaben beteiligt.

Qing-Dynastie (1644-1911)

Der Shaolin-Tempel führte auch vor der Mitte der Qing-Dynastie eine gewisse Anzahl von Tempelbauprojekten durch, obwohl er weniger wohlhabend war als zur Tang-, Song-, Yuan- und Ming-Dynastie. Kaiser Kangxi und Kaiser Qianlong verfassten Inschriften für den Shaolin-Tempel.

Die Zeit seit der Gründung der Volksrepublik (seit 1949)

Nach der Befreiung der Stadt Dengfeng im Jahr 1948 stellte die Regierung Mittel für die Renovierung des Shaolin-Tempels bereit. Nach der dritten Plenartagung des 11. Zentralkomitees wurde die Religionspolitik des Landes sukzessive wiederhergestellt und verkündet. Unter der Obhut und dem Schutz von Abt Xing Zheng wurden die buddhistischen Aktivitäten des Shaolin-Tempels wiederaufgenommen, die Renovierung begonnen und Shaolin Kung Fu geübt. Nach dem Tod von Abt Xing Zheng im Jahr 1987 leitete Meister Shi Yongxin die Angelegenheiten des Shaolin-Tempels.

Seit September 2002 ist Meister Shi Yong Xin Vizepräsident der Buddhistischen Vereinigung von China und seit Juli 1998 Präsident der Buddhistischen Vereinigung der Provinz Henan. Seit 1998 wurde er nacheinander als Abgeordneter des 9., 10., 11. und 12. Nationalen Volkskongresses gewählt.

Unter der Leitung von Abt Shi Yong Xin hat der Shaolin-Tempel in den letzten dreißig Jahren fruchtbare Ergebnisse in Bezug auf die Förderung des Buddhismus, den Nutzen für die Menschen und den kulturellen Austausch erzielt: Kultivierung klösterlicher Talente mit rechtem Glauben und rechtem Verhalten; Wiederaufbau und Renovierung von Hallen und Wiederherstellung der Pracht des Shaolin-Tempels; Aufbau der Shaolin-Kung Fu Mönchskorps, die ins Ausland gehen und die Shaolin-Kultur verbreiten; Wiedererrichtung der Shaolin-Apotheke zum Nutzen der Menschen.

In der Zwischenzeit wurde auch die Meditationshalle instandgesetzt, es gab akademische Seminare über die Shaolin-Kultur, die Ordinationsplattform wurde wiederhergestellt, ein jährliches Forum für buddhistische Medizin eingeführt, alte und seltene Bücher wurden im Sutra-Pavillon gesammelt, neue Bücher publiziert, ein Shaolin-Kulturfestival und ein Shaolin-Tempel-Tag in Europa und Nordamerika abgehalten. Abt Yong Xin hat an der Harvard University, der Stanford University, der Oxford University und anderen weltberühmten Universitäten Vorträge gehalten. Er wurde 2013 von Generalsekretär Xi Jinping gelobt.

Das Generationen-Gedicht der Shaolin

Shaolin-Abt Xueting Fu Yu (雪庭福裕, 1203-1275) verfasste ein Chan-Gedicht, das zur Quelle für die Shaolin-„Schriftzeichengenerierung“ (zìbèi 字輩) wurde, die jeder Meister verwendet, um seinen Schülern Dharma-Namen zu geben. Zum Beispiel wird der Meister der 34. Generation Shi (Lehrer/Meister) Yan (34. Silbe des Gedichtes) genannt, sein vom ihm autorisierter Schüler in der 35. Generation demzufolge „Shi Heng“. Dazu kommt als dritte Silbe jeweils ein individueller Name.

(Von links nach rechts und von oben nach unten zu lesen.)

福慧智子覺	了本圓可悟
周洪普廣宗	道慶同玄祖
清靜真如海	湛寂淳貞素
德行永延恒	妙體常堅固
心朗照幽深	性明鑒宗祚
忠正善禧祥	謹悫原濟度
雪庭為導師	引汝歸鉉路

fú huì zhì zi jué	liǎo běn yuán kě wù
zhōu hóng pǔ guǎng zōng	dào qìng tóng xuán zǔ
qīng jìng zhēn rú hǎi	zhàn jì chún zhēn sù
dé xíng yǒng yán héng	miào tǐ cháng jiān gù
xīn lǎng zhào yōu shēn	xìng míng jiàn zōng zuò
zhōng zhèng shàn xǐ xiáng	jǐn què yuán jì dù
xuě tíng wèi dǎo shī	yǐn rǔ guī xuàn lù

Wer den Weg versteht,
  kann Weisheit und Glückseligkeit erlangen.
Du befindest dich ursprünglich in einem Zustand der Vollendung
  und bist daher in der Lage zu verstehen.
Überall im Universum breitet sich die buddhistische Doktrin aus.
Wir feiern, dass alle Zweige des Buddhismus
  die gleiche Wurzel haben.
Klarheit und Stille sind tief wie das Meer.
Wenn du Anhaftungen aufgibst,
  kommt dein wahres Gesicht zum Vorschein.
Moralisches Verhalten ist unendlich,
  dein reines Herz verändert sich nicht.
Ein Geist, der kristallklar ist,
  kann die Tiefe der Berge erhellen.
Deine wahre Natur lässt dich den Ehrenmann
  vom Betrüger unterscheiden.
Treue und Anstand bringen Glück und Frieden.
Erinnere dich immer an dein Buddha-Herz.
Wenn du dem Geist von Huike folgst,
  ist dies der Weg zur Buddhaschaft.

Generation	Generationsname	Generation	Generations-name
1	Fú	36	Miào
2	Hui	37	Tĭ
3	Zhi	38	Cháng
4	Zi	39	Jiān
5	Jué	40	Gù
6	Liǎo	41	Xīn
7	Běn	42	Lǎng
8	Yuán	43	Zhào
9	Kě	44	Yōu
10	Wù	45	Shēn
11	Zhōu	46	Xìng
12	Hóng	47	Mìng
13	Pǔ	48	Jiàn
14	Guǎng	49	Zōng
15	Zōng	50	Zuò
16	Dào	51	Zhōng
17	Qìng	52	Zhèng
18	Tóng	53	Shàn
19	Xuán	54	Xĭ
20	Zǔ	55	Xiáng
21	Qīng	56	Jĭn
22	Jìng	57	Què
23	Zhēn	58	Yuán
24	Rú	59	Jì
25	Hǎi	60	Dù
26	Zhàn	61	Xuě
27	Jì	62	Tíng
28	Chún	63	Wèi
29	Zhēn	64	Dǎo
30	Sù	65	Shī
31	Dé	66	Yĭn
32	Xíng	67	Rǔ
33	Yǒng	68	Guī
34	Yán	69	Xuàn
35	Héng	70	Lù

Die Äbte des Shaolin-Klosters

Dynastie	*Abt*		*Zeit*	*Anmerkungen*
Nördliche Wei Dynastie (北魏朝) 386-535	Bátuó	跋陀	495-520	
	Sēngchóu	僧稠	520-560	
Nördliche Zhōu Dynastie (北周朝) 557–581			574-580	Buddhistenverfolgung 577 Shaolin Tempel zerstört 580 Shaolin Tempel renoviert und wiedereröffnet
	Zīyún	资云	580?-?	
Suí Dynastie (隋朝) 581-618			610	610 Shaolin-Mönche bieten Schutz vor Banditen
			618	618 Shaolin-Tempel von Banditen zerstört
Táng Dynastie (唐朝) 618-907	Zhìcāo	志操	621?-622	621 Dreizehn Shaolin-Mönche helfen Lǐ Shìmín.
			622-624	622 Shaolin Tempel von Táng-Beamten geschlossen 624 Shaolin Tempel renoviert und wiedereröffnet
	Zhìcāo		624-?	
	Yìjiǎng	义奖	?-700-?	
	Huìjué	慧觉	?-723-?	
	Wéijì	惟济	?-770-?	
	Língcòu	灵凑	?-791-?	
			842-846	Buddhistenverfolgung 845 Shaolin Tempel zerstört und geschlossen 846 Shaolin Tempel renoviert und wiedereröffnet
Fünf Dynastien Zehn Reiche (五代十国) 907-960	Xíngjūn	行钧	880-925	
	Hóngtài	宏泰	925-954?	
Späte Zhōu Dynastie (后周朝) 951-960			954-959	Buddhistenverfolgung 954 Shaolin Tempel geschlossen 959 Shaolin Tempel wiedereröffnet

Sòng Dynastie (宋朝) 960-1279	Zhìhào	智浩	?-1056	
	Zhèngwù Xiūyóng	证悟脩颙	1056-1060	
	Guǎngqìng	广庆	1084-1087	
	Bào'ēn	报恩	?-1093-?	
	Qīngjiāng	清江	1101-1105	
	Zhìtōng	智通	?-1111?	
Jīn Dynastie (金朝) 1115–1234	Fúdēng Huìchū	佛灯惠初	1111-1126	
	Shànyīng Fǎhé	善应法和	1140-1141	
	Zǔduān	祖端	1145-1160	
	Fǎhǎi	法海	1161-?	
	Wùjiàn	悟鉴	?-1179-?	
	Pǔzhào	普照	1190-1194	
	Xìngchóng	兴崇	1204-1208	
	Xūmíng	虚明	1208-1212	
	Xīxī Hóngxiāng	西溪宏相	1212-1217?	
	Dōnglín Zhìlóng	东林志隆	1217-1223	
	Guǎngzhù	广铸	1224-1224	
	Mùān Xìngyīng	木庵性英	1225-1233	
	Rǔfēng Dérén	乳峰德仁	1239?-1248	
	Xuětíng Fúyù	雪庭福裕	1249-1255	Beginn der Namensgebung für Shaolin-Generationen
	Fùān Yuánz-hào	复庵园照	?-1260-?	
	Zúān Huìsù	足庵慧肃	?-1268-?	

	Yuánmíng	圆明	?-1270-?	
Yuán Dynastie (元朝) 1271–1368	Língyǐn Wéntài	灵隐文泰	1273-1282?	
	Zhōnglín Zhìtài	中林智泰	1282-1290	
	Yuèyán Yǒngdá	月岩永达	1291-1294	
	Huányuán Fúyù	还原福遇	1295-1299	
	Yuèyán Yǒngdá	月岩永达	1300-1306	
	Gǔyán Pǔjiù	古岩普就	1313-1317	
	Yuèzhào Jiānggōng	月照江公	?-1320-?	
	Júān Fǎzhào	菊庵法照	1322-1323	
	Chúnzhuō Wéncái	淳拙文才	1324-1329	
	Fènglín Ziguī	凤林子珪	1332-1335	
	Xīān Yìràng	息庵义让	1336-1340	
	Sǔnān Hóngyì	损庵洪益	1340	
	Wúwéi Fǎróng	无为法容	1341-1343	
	Chúnzhuō Wéncái	淳拙文才	1345-1352	
	Hǎiyìn	海印	?-1354-?	1356 Shaolin Tempel zerstört
	Sōngxī Zidìng	嵩溪子定	1360-1363	
Míng Dynastie (明朝) 1368-1644	Sōngxī Zidìng	嵩溪子定	1368-1369	
	Sōngtíng Ziyán	松庭子严	1369-1382	
	Níngrán Zigǎi	凝然子改	1390-1392	
	Rénshān Yìgōng	仁山毅公	1393-1405	

	Zhúān Zirěn	竹庵子忍	?-1422-?	
	Jùkōng Qìbīn	俱空契斌	1449-1452	
	Wúfāng Kěcóng	无方可从	1474-1483	
	Guīyuán Kěshùn	归源可顺	1498-1499	
	Zhuōān Xìng-chéng	拙庵性成	1483-1487	
	Gǔshān Kěxiān	古山可仙	1488-1496	
	Jìngān Wùtà	静庵悟榻	1497-1501?	
	Gǔméi Zǔtíng	古梅祖庭	1501-1505	
	Yuèzhōu Wénzài	月舟文载	1510-1522	
	Zōnglín Yùtáng	宗琳玉堂	1537-1538	
	Zhúdōng Wùwàn	竺东悟万	1552-1557	1553-1555 Angriffe gegen Piraten (Wōkòu 倭寇).
	Xiǎoshān Zōngshū	小山宗书	1557-1566	
	Yǐnshān Xiángōng	隐山贤公	1566? -1574	
	Huànxiū Chángrùn	幻休常润	1574-1579	
	Wúyán Zhèng-dào	无言正道	1592-1609	
	Ruìguāng	瑞光	?-1622-?	
	Hánhuī Huìxǐ	寒灰慧喜	1624	
	Bǐàn Hǎikuān	彼岸海宽	1639-1646	Ehrenamt
Qīng Dynastie (清朝) 1644-1912	Bǐàn Hǎikuān	彼岸海宽	1646-1661	Offiziell
	Chúnbái Yǒngyù	纯白永玉	1661-?	Ehrenamt
	Xīnyún Qīngníng	心云清宁	1742-1750?	Ehrenamt

	Yuánjīn Língshān	圆今灵山	?	Ehrenamt
	Xíngyuàn Zhìwú	行愿智吾	?	Ehrenamt
	Qīngtài Yǐngshí	清泰颖石	?	Ehrenamt
Republik China (中華民國) 1912-1949	Hénglín	恒林	1908-1923	Ehrenamt
	Miàoxìng	妙兴	1923-1927	Ehrenamt
	Chúnpú	淳朴	1927-1929	Ehrenamt 1928 Shaolin Tempel zerstört
	Zhēnxù	贞绪	1929-1949	Ehrenamt
Volksrepublik China (中华人民共和国) 1949-	Xíngzhèng	行正	1949-1986	Ehrenamt
	Xíngzhèng	行正	1986-1986	Offiziell
	Déchán	德禅	1986-1993	Ehrenamt
	Sùxǐ	素喜	1993-1998	Ehrenamt
	Sùyún	素云	1998-1999	Ehrenamt
	Yǒngxìn	永信	1999-	Offiziell

Literaturhinweise/Links/Danksagungen (Stand: September 2023)

Shenlong Shaolin Chuan 正宗少林拳

Zhang Kunzhao (1654-1722): 拳經 (publ. 1929)

Zhang Kunzhao: *Tsuanfa Bayyao* 拳法備要 (publ. 1936)

Lu Shie (1878-1944): 陆士谔 (1917; enthält *Quan Jing* 拳經 + *Shaolin Quan Shu Jingyi* 少林拳術精義 in einem Band)

Meir Shahar: *The Shaolin Monastery: History, Religion and the Chinese Martial Arts*. (University of Hawai'i Press 2008)

Mamoru Tomami: *The Shaolin Monastery Stele on Mount Song* (Kyoto 1989)

Edwin Pulleyblank: *Background of the Rebellion of An Lu-Shan* (London 1955)

Kenneth Ch'en: *Buddhism in China. A Historical Survey* (Princeton 2020)

Yu-lan Fung: *A Short History of Chinese Philosophy* (Free Press 1997)

http://shaolin.org.cn (offizielle Seite des Shaolin-Tempels Henan)

http://shaolin-reflection.blogspot.com (yss)

http://shaolinchancity.blogspot.com/ (Le Fujun)

http://shaolin-monastery.blogspot.com/

(für deren Timeline auf Deutsch und Le Fujuns Biografie des Shaolin-Meisters Shi Su Xi siehe ab November 2023 https://der-asso-blog.blogspot.com/)

https://soundcloud.com/buddhismtoronto/rv9ib3phk5xd

(Link zur Rezitation der „88 Buddhas“ aus dem Hongfa-Tempel)

Besonderer Dank geht an Shi Heng Yi (Walter Zuazo)

https://shaolinsouthamerica.wordpress.com/

Und an Tomas Lapinskas (shaolin.lt) und Jon Dyer.

[1] Kinnara ist ein mystischer „Gott des Liedes", kann aber auch für einen ganzen Clan von Himmelswesen stehen. Nach einer Legende soll sich der zur Buddhaschaft erwachte Kinnara einst als alter Mönch in der Shaolin-Küche reinkarniert haben. Später hielt man ihn für einen Schutz-Bodhisattva und widmete ihm eine Statue, die als „Dharma-Gott" des Shaolin-Tempels bezeichnet wird.
[2] *San jiao:* In der traditionellen chinesischen Medizin stellt man sich darunter eine Einheit vor, die die Funktionen mehrerer Organe verbindet: der obere Heizer die von Herz und Lunge, der mittlere die von Milz und Magen und der untere die von Nieren und Blase.
[3] „Geheime Waffe" *(an qi)*, etwa eine Nadel, ein Schlagring, Pfeile, eine geschärfte Münze usw., die gut verborgen werden können.
[4] *Yanshen.*
[5] Unter *Si Duan Gong* finden sich auf YouTube anschauliche Variationen dieser Übungen.
[6] Wird dem Befehlshaber Yue Fei (1103-1142) zugeschrieben, der sie zur körperlichen Ertüchtigung seiner Soldaten entwickelt haben soll. Unter diesem Namen oder ähnlichen („8 Brokate") auf YouTube zu finden.
[7] *Mabu:* tief und breitbeinig stehen, am besten so, dass eine Holzstange nicht von den gebeugten Oberschenkeln rollen würde, also mit den Oberschenkeln parallel zum Boden.
[8] *Quan Zhu.*
[9] *Er Gen.*
[10] *Ren Zhong Bang.*
[11] *Mi Fan.*
[12] *Ba Wang.*
[13] Auf diese Übertragungslinie beruft sich z. B. auch der taiwanesische Meister Sheng Yen (1931-2009).
[14] Bodhidharma, der indische Patriarch, der die Chan-Schule des Buddhismus nach China brachte und Chinas erster Patriarch wurde, ließ sich angeblich nahe dem Shaolin-Kloster nieder und saß neun Jahre lang in Meditation vor einer Steinwand.
[15] *Weishu Shilao Zhi.*
[16] *Huang Tang Songyue Shaolin Si Bei.*
[17] Fehlt in der Abts-Übersicht.